Walther Killy · Deutscher Kitsch

W0056754

98

T. Schäw

Poesie ist Leben
Prosa ist der Tod
Engelein umschweben
Unser täglich Brot.

F. Kempner

WALTHER KILLY

Deutscher Kitsch

Ein Versuch mit Beispielen

8. Auflage

VANDENHOECK & RUPRECHT IN GÖTTINGEN

Walther Killy
Dr. phil., geboren am 26. 8. 1917 in Bonn,
ist ordentlicher Professor für deutsche Philologie
an der Universität Bern

CIP-Kurztitelaufnahme der Deutschen Bibliothek

Deutscher Kitsch : e. Versuch mit Beispielen / Walther Killy. –
8. Aufl., 101.–110. Tsd. – Göttingen : Vandenhoeck und Ruprecht, 1978.
(Kleine Vandenhoeck-Reihe ; 1125)

ISBN 3-525-33181-9

NE: Killy, Walther [Hrsg.]

8. Auflage 1978
101.–111. Tausend

Kleine Vandenhoeck-Reihe 1125

Umschlag: Hans Dieter Ullrich. — © Vandenhoeck & Ruprecht,
Göttingen 1962. — Alle Rechte vorbehalten. — Ohne ausdrück-
liche Genehmigung des Verlages ist es nicht gestattet, das Buch
oder Teile daraus auf foto- oder akustomechanischem Wege zu
vervielfältigen. — Gesamtherstellung: Hubert & Co., Göttingen

Inhalt

Frau Musika

Heldische Menschen

Schöpfers Meisterwerk

Meine Heimat

Himmelsbalsam

Die Texte sind in sich ungekürzt.

Die Illustrationen zu den Texten sind zeitgenössischen Publikationen
entnommen.

Vorbemerkung

Der Versuch über den literarischen Kitsch, welcher diesen Band eröffnet, hat weder die Absicht noch die Möglichkeit, einen von der Literaturwissenschaft bislang unbeachteten Gegenstand erschöpfend zu behandeln. Die zum Vergnügen des Lesers abgedruckten Texte sind so zusammengestellt, daß sie zur Grundlage der Erörterung und vielleicht als Hinweise für eine künftige Beschäftigung dienen können. Die Fülle des zur Wiederholung neigenden Materials und die Vielfalt der möglichen Gesichtspunkte nötigten mich, nur den Zeitraum zwischen 1816 und 1933 zu berücksichtigen. Man wird auch den einen oder anderen berühmten Autor in der Sammlung antreffen, ohne daß etwa damit sein Werk als „Kitsch" abgetan werden könnte; vielmehr galt es, den Leser auf stilistische und geschichtliche Zusammenhänge sowie die Macht eines herrschenden Geschmacks hinzuweisen. Lebende Autoren blieben unberücksichtigt, ebenso im wesentlichen die des Dritten Reiches, deren Gesinnung — wie man sehen wird — schon viel früher Ausdruck in der Trivialliteratur gefunden hat.

Göttingen, im August 1961   W. K.

Versuch über den literarischen Kitsch

Fernher rauscht das Meer in die holde Stille, der Wind regt sanft das starre Laub. Ein mattseidenes Gewand, elfenbeinweiß und golden bestickt, umfließt ihre Glieder und läßt einen zartgeschwungenen Nacken frei, auf dem die feuerfarbenen Flechten lasten. Noch brannte kein Licht in Brunhilds einsamem Gemach, — die schlanken Palmen ragten wie dunkle, phantastische Schatten aus ihren kostbaren chinesischen Kübeln empor, die weißen Marmorleiber der Antiken glänzten gespenstisch dazwischen und an den Wänden verschwanden die Bilder in ihren breiten mattschimmernden Goldrahmen.

Brunhild saß vor dem Flügel und ließ die Hände voll süßer Schwärmerei über die Tasten gleiten. Suchend floß ein schweres Largo daher, wie sich Rauchschleier aus glimmenden Aschen lösen, vom Winde zerfetzt werden und in bizarren Brocken herumfliegen, getrennt von der Flamme, wesenlos. Langsam wuchs die Melodie zum Maëstoso, sie rollt dahin in mächtigen Akkorden und kehrt wieder mit holden, flehenden, unsäglich süßen Kinderstimmen und mit Engelschören und rauscht über nächtliche Wälder und einsame, weite, brennend rote Heiden, wo alte Heidenmale stehen, und spielt um verlassene Dorfkirchhöfe. Helle Wiesen gehen auf, Frühlinge spielen mit leicht bewegten Gestalten, und vor dem Herbst sitzt eine alte Frau, eine böse Frau, um die herum alle Blätter fallen. Winter wird sein. Große glänzende Engel, die den Schnee nicht streifen, aber so hoch wie die Himmel sind, werden sich zu horchenden Hirten neigen und ihnen singen von dem Märchenkinde in Bethlehem.

Der heiligen Weihnacht geheimnisgesättigter Himmelszauber umwebt die in tiefem Frieden schlummernde winterliche Heide, als ob ein Harfenlied fremd im Tageslärm klänge, als ob das Geheimnis der Wehmut selber den göttlichen Ursprung besänge. Und draußen streicht der Nachtwind mit zarten, tasten-

den Händen um das Goldhaus, und die Sterne wandeln durch die Winternacht.

Das schöne Beispiel deutscher Prosa entstammt der Feder von sieben Autoren. Der Leser wird in diesem Buch die Stücke leicht wiederfinden, denen die ineinander übergehenden Sätze im einzelnen entnommen sind: ein Völkerwanderungsroman von Werner Jansen liefert den Anfang, dem ein paar Sätze aus einem Gesellschaftsgemälde der Nataly von Eschstruth folgen. Sie lösen sich auf in Reinhold Muschlers musikalischer Großstadtszene, und ohne Bruch fügen sich die seelenvollen Bilder der Agnes Günther an, der gleichen Vorstellungswelt entwachsen wie die Stelle aus Rilkes Tagebuch, welche wiederum auf Nathanael Jüngers weihnachtlichen Himmelszauber leitet. Daß er den Worten so nah steht, mit denen Wilhelm Schäfer Hölderlin „charakterisiert", mag auch den überraschen, dem der wiederum Agnes Günther verdankte Schlußsatz passend erscheint. Die Einheit der ganzen Kompilation wird durch den so unterschiedlichen Ursprung ihrer einzelnen Teile nicht beeinträchtigt. Nur der kleine Widerspruch zwischen sommerlichem Anfang und weihnachtlichem Ende mag auffallen, allerdings erst, wenn eine vernünftige Betrachtung sich von dem einschläfernden Reiz des Textes befreit hat. Insofern dieser Text hier als ein scheinbares Ganze hervortritt, ist seine Einheit durch die dem literarischen Kitsch eigentümlichen Eigenschaften ermöglicht.

Die Bestandteile der Kompilation gehen in ihr auf, weil die gemeinsamen Züge die individuellen überwiegen. Der erste Satz des germanomanen Jansen ist dem letzten aus der fromm fühlenden Feder der Günther innig verwandt: *Fernher rauscht das Meer in die holde Stille, der Wind regt sanft das starre Laub. — Und draußen streicht der Nachtwind mit zarten, tastenden Händen um das Goldhaus, und die Sterne wandeln durch die Winternacht.* Wind und Meer, Wind und Sterne werden genannt, nicht so sehr, um eine Vorstellung mitzuteilen, sondern um eine Gefühlswirkung zu erzielen. Der sachliche Gehalt ist weniger wichtig als die sogenannte Stimmung. Durch die ganze Kompilation zieht sich ein lyrisierender Ton, und die Autoren haben, jeder auf seine Weise, alles darauf angelegt, ihm die Vibration zu erhalten. Schon an sich gehören Worte wie Wind, Meer und Nacht zu den ursprünglich lyrischen

Worten, welche eine in Gemütstiefen gegründete Wirkung aus-zuüben vermögen. Aber die Autoren trauen ihrer Fähigkeit nicht hinlänglich, solche Worte an sich zur Wirkung zu brin-gen, und so putzen sie sie mit anderen auf, welche die Gefühle des Lesers in die erwünschte Richtung bewegen. Nicht in der Stille rauscht das Meer und regt der Wind das Laub: das wäre noch sachliche Mitteilung; auch weht nicht der Wind in der Nacht und die Sterne scheinen. Vielmehr bedarf hier das Mee-resrauschen einer *holden* Stille, der Wind ist *sanfter* Wind oder hat gar *zarte tastende Hände*, es ist auch nicht irgendein Haus, darüber die Sterne statt zu scheinen *wandeln*, sondern ein *Gold-haus*, so wie nicht irgendeine Brunhild dem fernen Rauschen lauscht, sondern eine in Seide und Gold gekleidete.

Damit wird ein Grundzug literarischen Kitsches deutlich, der aus der Absicht und der Unzulänglichkeit seiner Urheber folgt. Die Absicht — das wird noch vielfach hervortreten — ist vor-züglich auf Reiz gerichtet. Sie möchte Gefühlserregtheit, „poeti-sche" Stimmung; sie möchte dem Leser den vagen Genuß ver-schaffen, den vielleicht auch der Autor in der Komposition seiner eigenen Worte empfunden hat. Allein, diese Worte tragen nicht weit und sind für sich genommen charakterlos, denn sie sind nicht zuerst um ihres unersetzlichen Anschauungs- oder Sachgehaltes willen gewählt, sondern um eines Stimmungsge-haltes willen, der vielen Worten eigen sein kann. Der Effekt von Meeresrauschen und Winternacht ist der gleiche, die Worte sind nicht mit Notwendigkeit gebraucht und nicht unersetzlich, sondern ersetzbar und auszutauschen, solange sie den Stim-mungsreiz gemein haben, welcher die Kompilation ermöglicht hat. Der damit einhergehenden Einbuße an anschaulicher Be-stimmtheit sucht der Autor als einem Mangel zu begegnen, in-dem er den rasch vergehenden Reiz zu stärken und das Vage in der erstrebten Richtung bestimmbarer zu machen unter-nimmt. Kein gewöhnliches Haus soll es sein, sondern ein *Gold-haus*. Die an sich kraftlosen Worte erhalten Stützen, die unbe-stimmten Vorstellungen werden durch Zufügungen aufgefüllt, der vergehende Reiz wird durch einen anderen aufs neue ge-setzt. Die Impotenz des Autors hilft sich durch Kumulation und Repetition, welche die Effekte so anhaltend und den Reiz so wirksam als möglich erhalten sollen.

Der Kitschautor benötigt die Kumulation der Effekte, der Leser, der sie nicht minder benötigt, wünscht sie sich. Sie ist überall wahrnehmbar und erscheint auf verschiedene Weisen: Das Gewand des Mädchens, um wirksam zu sein, bedarf der Erhöhung ins Pretiöse. Ihr Nacken — nie vermöchte Jansen einen schönen Nacken zu schildern — ist *zartgeschwungen,* sie hat kein Haar, sondern *Flechten,* es ist nicht rot, sondern *feuer-farben,* es hängt nicht herab, sondern *lastet.* Was an Anschauung fehlt, wird durch Kostbarkeit oder Häufung ersetzt. Das Interieur, in welchem sich *Brunhild* befindet — sie ist der Eschstruth Geschöpf aus dem Ende des vergangenen Jahrhunderts — entspricht dem Gewand und der Erscheinung ihrer germanischen Artgenossin, die bei Jansen nicht schlichtwagnerisch Brunhild, sondern *Bolfriana* heißt. Es ist ein *einsames* Gemach, die Palmen darin sind *schlank,* wie Günthers Nachtwind *zarte* Hände hat, Rilkes Wiesen *hell* und seine Engel *glänzend* sind. Das Interieur ist nicht allein Abbild des in den achtziger Jahren vornehmen Stils; vielmehr entspricht es einem Bedürfnis dieser Texte, indem es die Häufung des Pretiösen, eine Reihung kostbar-reizvoller Effekte ermöglicht. Sie sind nicht wesentlich unterschieden von denjenigen, deren sich Agnes Günther bei der Beschreibung der Musik bedient. Ist es dort eine Sequenz von kostbaren, schimmernden, glänzenden Kunstdingen, welche Stimmung erregen und unterhalten soll, so ist es hier die Folge von innigen, holden, seelenvollen Naturdingen, welche in Engelchören sich auflösen. Sinnlicher Reiz folgt auf sinnlichen Reiz; die Töne werden mit Anschaulichem kumuliert, die Natur mit Seelenzuständen angereichert, Seelenzustände mit Natur genährt: die Wirkung geht über alles, und die vielfältige Wiederholung der Mittel darf nicht darüber hinwegtäuschen, daß es eigentlich nur wenige sind. Bolfriana trägt ein *mattseidenes Gewand,* Rosmarie (denn sie hört den *süßen Kinderstimmen* zu) umklammert, auf einem *Kelim* sitzend, ihr *silberstarrendes Knie, veilchengeschmückt,* Brunhild spielt verklärt den *Feuerzauber, . . . wenn Feuergluten die Einsame umbrennen.*

Mit einer volkstümlichen Wendung könnte man sagen, es sei alles aufgeboten, „was gut und teuer ist". Dem gleichmacherischen Reiz dienen nicht nur die gehobenen Realien; auch fromme Vorstellungen werden ihm dienstbar gemacht, Worte, mit denen gemütvoll sich Erhabenes oder Erhebung verbinden lassen. Brunhilds Seelenzustand am Flügel ist, glaubt man der Eschstruth, derjenige *süßer Schwärmerei*. Rosmarie, welche die Beinamen die *Heilige* oder wenigstens das *Seelchen* führt, nimmt Engelchöre in der Musik wahr, einen *seltsamen Weihegesang,* der um Kirchhöfe und Kreuze spielt, aber auch die Natur nicht ohne seine stimmungsvollen Tinkturen läßt. Deshalb vermögen sich die Sätze der Günther mit denen Rilkes zu assoziieren, in welchen Frühling, Herbst, Winter, Engel übergeleitet werden in das *Märchenkind von Bethlehem.* Es klingt im gleichen Text an als das *goldene Mädchenkind,* welches sich der junge Dichter erträumt: die gleiche bemerkenswerte Auflösung frommer Bereiche in der verallgemeinernden Lösung lyrischen Fühlens findet statt. Zu Bolfrianas *feuerfarbenen Flechten* und ihrem Gewand, *elfenbeinweiß und goldbestickt,* zu Rosmaries *veilchengeschmücktem* Haupt und *silberstarrendem Knie* gesellt sich Rilkes *Kronenblonde, umrauscht von seidenen Rotonden.* Es konnte also keine Schwierigkeit bereiten, die Erscheinungen einer in Gefühle zerfallenden säkularisierten Halbfrömmigkeit mit den Weihnachtsgefühlen Nathanael Jüngers zu mischen, die nach dem gleichen Rezept vorgebracht werden: Naturstimmung — *die in tiefem Frieden schlummernde Heide* — und Erhabenes — *der heiligen Weihnacht geheimnisgesättigter Himmelszauber* — fließen ineinander. Die Liquidität der Texte ist schon durch die Verben bezeichnet, deren sie sich bedienen: das schimmert, rauscht, fließt, sucht, löst, kehrt wieder, spielt, bewegt, glänzt, streift, neigt, umwebt, *streicht um das Goldhaus.* Nirgendwo ist Halt, nirgends vermag die Anschauung etwas festzuhalten oder das Wort eine eigentliche Vorstellung zu bestimmen: alles wird einander angenähert im Fluß lyrisierender Reize, der die Bestimmtheit von Worten und Dingen schließlich auflöst. So kann man ruhig vom *Heidefrieden* sagen, was Wilhelm Schäfer von Hölderlin zu sagen für möglich hielt: es sei, *als ob ein Harfenlied fremd im Tageslärm klänge, als ob das Geheimnis der Wehmut selber den göttlichen Ursprung besänge.* Es ist die gleiche Art von uneigentlicher Ergriffenheit (die eigentliche ist von der wahren Erscheinung ergriffen), welche in Jüngers Text das Eichhörnchen in *sternklarer Nacht* (der Rosmarie wandelbesternte Winternacht) veranlaßt, die Hände zu falten, himmelwärts zu blicken, zu sprechen und zu beten, wie man S. 154 nachlesen kann.

Gemeinsam ist den kompilierten Texten also die Unterordnung der Gegenstände unter den Reizeffekt. Er wird bewerkstelligt durch die Aufputzung der vertrauten Erscheinung zur unvertraut auffallenden, reizvoll-pretiösen. Der Effekt ist nicht dauerhaft, weil die ihn bewirkenden Worte und Dinge nicht mit Notwendigkeit in Erscheinung treten und an ihrer Stelle unersetzlich wären. Vielmehr sind sie mit einer gewissen Beliebigkeit anwendbar, welche nach Begründung sucht und die fehlende Intensität durch passende Qualifikationen ersetzt. Das Wort erhält die Gefühlsstütze des Adjektivs oder Attributs. Das so entstandene Motiv sucht Halt und Anschluß an verwandten Motiven; eine eben erregte Stimmung verlangt nach Fortführung, ihr flüchtig-äußerlicher Reiz nach Dauer und „Verinnerlichung". Deshalb verbindet sich Motiv mit Motiv, wie sich schon Wort und Beiwort verbunden hatten. Die Unsicherheit des Autors und der Zweck seines Textes haben eines der häufigsten Merkmale literarischen Kitsches hervorgebracht: die Kumulation. Sie ist jedoch keineswegs das einzige, vielleicht auch nicht das bedeutendste und wirkt an anderen Merkmalen mit, unter welchen die als Lyrisierung erscheinende Entgrenzung der Gattungen schon deutlich geworden ist.

Eine Erzählung erzählt, vorzüglich auf epische Weise. Folgt man E. Staiger, so treten die poetischen Stile nie in vollkommener Reinheit auf, das Drama kann in einer lyrischen Tonart, das Epos in einer dramatischen vorgetragen werden. Immer aber wird im Bereiche der Kunst eine solche Tonart den Bedingungen und Absichten der Gattung mit Notwendigkeit gehorchen. Im Kitsch ist das anders; auch die Kitscherzählung erzählt — wie, das wird noch zu betrachten sein. Der Stoff ist ihr nächst dem Reiz wichtig, oft so sehr, daß wir eine der Kumulation der Reize entsprechende Kumulation der Stoffe finden. Aber sie ist nicht imstande, die Wirkungen des Augenblicks den Bedingungen des größeren Ganzen unterzuordnen. Vermöchte sie es, so wäre sie Kunst, welcher die Augenblickswirkung, wie überhaupt alles gleichgültig ist, was nicht notwendig zum Kunstganzen gehört. Dem Kitsch hingegen muß die Wirkung des Augenblickes vorzüglich wichtig sein; mit ihr allein versichert er sich der

14

Teilnahme seiner Leser, nur sie vermag die Reize zu gewähren, die das Ganze als ein Ganzes nie haben kann. Der epische Hergang allein scheint dem Autor noch nicht hinlänglich für den Anreiz des Lesers, das stoffliche Interesse — ohnehin, vom Gesichtspunkt der Kunst, ein niedriges — noch nicht für den Genuß zu bürgen. Deshalb sind die Autoren geneigt, ihre Erzählung zu lyrisieren. Das unschöne Wort bezeichnet einen zweideutigen Vorgang, der in diesem Buche an vielen Stellen so greifbar hervortritt, wie er in der Kompilation schon sich anzeigte.

Die offenkundigste Form der Lyrisierung ist die lyrische — oder was man dafür hält — Einlage. Sie hat, wie alle Züge der Kitschliteratur, eine literarhistorische Vorgeschichte. In Goethes Wilhelm Meister und in den Romanen der Romantik findet man den Gang der Erzählung durch Gedichte angehalten oder zusammengefaßt. Mignons Lied sagt etwas über Mignons Wesen, das die darlegende Prosa nicht so zu sagen vermöchte; denn dies Wesen und Schicksal geht über allen Begriff. In einer Eichendorffschen Novelle wird das unauflösliche Daseinsrätsel in Versen aussprechlich; ganze Lebensstationen sind auf lyrische Weise zusammengefaßt, die sich epischer Entfaltung entzögen. Nicht zufällig also stehen die lyrischen Einlagen in wirklicher Dichtung, vielmehr erfüllen sie eine Funktion, die anders nicht erfüllbar wäre: was die Prosa nicht zu sagen vermag, vermag das Gedicht zu sagen, das in Gestimmtheit und Anschauung aufhebt, was der Darlegung entgeht. Wenn im ‚Marmorbild' die betörende Schöne ihren Gesang mit den Worten endet

Und schmerzlich nun muß ich im Frühling lächeln
Versinkend zwischen Duft und Klang vor Sehnen . . .

so sind Reiz und Stimmung an sich nicht der Zweck dieser Verse. Vielmehr gehören sie eben der Welt des Venusbildes an, und ihre sinnliche Fühlbarkeit teilt die betörenden Kräfte mit, denen sich der jugendliche Wanderer beinahe preisgegeben fühlt. Reiz und Stimmung sind notwendiger Ausdruck eines unbegreiflichen Sachverhaltes. Eben diese Notwendigkeit trennt unerbittlich die Kunst, welche sie kennt, von der Trivialliteratur, welche sie nicht kennt und lediglich imitiert, indem sie Zweck und Mittel verwechselt. Das Mittel wird zum Zweck, der

Reiz zur Legitimation des „poetischen" Charakters. So finden wir die lyrischen Einlagen im Kitsch als bloße Fortsetzung ohnehin erstrebter Reize, eine auffallendere, aber dem Wesen nach nicht vom prosaischen Text unterschiedene Redeweise. Die Gedichteinlagen sind ein weiteres Mittel der Gefühlskumulation. Wenn die sentimentale Geschichte von des Heidekönigs Tochter aus der Prosa in Verse übergeht, so genügen der Autorin die fromm-pretiösen Naturbilder noch nicht, so wenig wie es ihr genügt, eine „Sage" zu erzählen. Die Steigerung durch den Reim wird versucht: *Und als sie tot lag im Heidekraut, da läuteten alle Glocken laut, — die roten Heideblumenglocken. Und durch die Luft zog's wie Frohlocken als käm' eine Engelschar im Lauf* ... Man könnte fortfahren mit der Lyrisierung, welche Hauptmann dem Drama zuteil werden ließ: ... *Und liebliche Musik schlingt ihr ums Herz. (Die Engel singen im Chor:) Wir tragen dich hin, verschwiegen und weich, Eia popeia ins himmlische Reich.* Nur durch die Quantitäten der gebundenen Rede, nicht durch die lyrische Qualität unterscheiden sich die lyrischen Einlagen vom Textganzen. Sie sind ein zusätzliches, kein notwendiges und auch kein von der Prosa wesentlich unterschiedenes Mittel der Effektkumulation.

Der Kitsch nämlich strebt eine möglichst totale Wirkung an und löst zu diesem Zwecke nicht nur die Gattungen auf, sondern alles, was ein ordnender Kunstsinn zu unterscheiden sucht. Je mehr Wirkungen möglich scheinen, um so lieber werden sie ergriffen. Wenn der Stimmungsreiz der Trivialliteratur nicht genügt, so läßt sie ihn gern in den erotischen Reiz übergehen. Im Angesicht der *himmelanstarrenden Zacken der Jungfrau, die das Feuer der hinuntergesunkenen Sonne gleichsam aufgesogen zu haben schienen und nun im blassen Rosaflimmer leuchteten,* kost Claurens Mimili mit ihrem preußischen Freund. Mit der Linken umschlingt sie ihn, mit der Rechten drückt sie (um ihre Sinne nicht zu sehr zu erregen) nicht sein Haupt, sondern sein Eisernes Kreuz an ihre Lippen *wie eine Gläubige, im Drange der Gefahr, ihr Amulett.* Landschaft, begehrliche Erregung, fromme Gefühle und patriotische Andacht fließen ineinander. Nicht nur die Reize an sich, auch die Emotionsbereiche werden kumuliert, addiert oder gegeneinander entgrenzt. Die kürzeste Zusammenfassung solcher Methode liefert ebenfalls Clauren, als der Held auf dem Schlachtfeld von Waterloo liegt. Ob der Feind geflüchtet sei und wohin, will er wissen. *„Auf Paris zu"* *hatte ein Unglücklicher ohne Beine geantwortet: und jetzt erst* *hatte er, dem Ewigen dankbar, bemerkt, daß ihm beide Beine* *noch waren; vor ihm Paris, hinter ihm Deutschland und die* *Lazarette; links die Schweiz. Die rechte Hand vom Sturz ge-* *lähmt, in der Brust eine Kugel, im Kopfe eine Hiebwunde, im* *Herzen Mimili.* Frömmigkeit, Nationalgefühl, Tapferkeit und Liebe finden sich ohne Schwierigkeit vereinigt. Das gleiche Prinzip wird von der so andersartigen Günther etwa hundert Jahre später verfolgt, wenn Graf Harro seiner Gattin Rede stehen muß, warum er sie bisher unberührt gelassen. Es war lauter Liebe und Rücksicht — eine moralische Stärke, welche Bewunderung abfordert; sie wurde erleichtert durch den *Sturm der* *Seligkeit,* der den Grafen durchbraust, als er das unbekleidete Seelchen malen darf: die erotische Situation ist gegeben, aber ästhetisch scheinbar neutralisiert. *Ich habe Schöpferstunden ge-* *nossen;* die künstlerische Ersatzhandlung hat fromme Folgen: *Du bist mir heilig geworden.* Das schließliche Versprechen, die verschobene Hochzeit im Sommer als ein *Fest der Rose* nachzuholen, läßt den erotischen Reiz in pretiosen Lyrismen auslaufen ... *ein Gewand von weißer Seide über deinen süßen* *Leib und goldene Schuhe, deine Freudenschuhe ... Und der* *Brunnen singt uns sein schönstes Lied.*

Es kann geradezu als ein weiteres Spezifikum der hier behandelten Art von Texten gelten, daß sie ein reines Gefühl nicht kennen. Wie die Dinge nicht in ihrer Gestalt erscheinen, sondern sich pretiöse oder stimmungsvolle Eigenschaften borgen müssen, so muß ein Gefühl sich Intensivierung beim anderen schaffen. Religiöse Innigkeit ist Burte (einst ein deutscher Lieblingsautor!) begreiflich nur als *geistiger Brunftschrei.* Das unwahrscheinliche Gefühl der Erhebung, welches ein säendes Bauernmädchen *durch-* *strömt,* wird zur *tief erregenden Süße, die ihren ganzen Körper* *durchflutet.* Das Vokabular ist identisch mit demjenigen, das Herzog für eine milde lesbische Szene braucht ... *durch ihren* *Mädchenkörper lief es heimlich wie ein warmer Strom, der Er-* *wartung und Bangen war, und doch voll unfaßbaren Glücks.* Es besteht auch kein prinzipieller Unterschied zu der Vermischung der Sphären, welche Bindings Pseudosymbolismus ermöglicht, da das *Meer beim Küssen ihrer Füße sich veränderte und in eine unheimliche Erregung geriet.* Eben dies Meer schwängert auf wunderbare Weise *die auf der Mole Gekreuzigte,* nachdem es, wie Gottes Hand den Tempelvorhang, *ihr Gewand zerriß in zwei Hälften von oben bis unten.* Der Kitsch kennt keine Grenzen.

Es mag dem Leser überlassen bleiben, weitere Beispiele der Vermischung der Effekte zu finden. Man wird bemerken, daß die Schreiber eine große Fertigkeit in derartigen Häufungen entwickeln. Der Kitscherzählung fehlt die Begründung für den Zusammenhang ihres Ganzen, dessen Teile verwechselbar sind. Um so mehr ist sie bemüht, die vorübergehende Kumulation verschiedener Reize zu begründen, die Möglichkeit diverser Effekte in einer Situation plausibel zu machen. So vereint R. Herzog verhältnismäßig mühelos Bismarcks Sterben, patriotischen Aufschwung und patriotische Ergriffenheit, Dienertreue und Gottesfurcht, Nachtwind, Liebe und Tod in einer einzigen Wiedersehensfeier: *Dann zog der Mond auf und beleuchtete die Landschaft, die dalag, wie sie immer dagelegen hatte. Ein Mensch war weniger! Bismarck hieß er ...* Die der Kumulation entgegengesetzte Ökonomie der Mittel ist dem Kitsch unbekannt; auch sie setzt eine Einsicht in den notwendigen Zusammenhang der einzelnen Erscheinung mit dem Kunstganzen voraus.

Auf das Fehlen dieser Einsicht geht die Beliebtheit metaphorischen Ausdrucks und sinniger Vergleiche zurück. Sie lebt nicht zuletzt von der Vorstellung, daß „poetische Bilder" zu einem gehobenen Text gehören und als ursprünglicher Wesenszug poetischer Sprache keiner weiteren Begründung bedürfen. Sie gewähren dem Autor eine (wie es ihm scheint) ideale Möglichkeit, zwischen den Tönen und Effektbereichen zu wechseln. Als die Heimburg am Weihnachtstag das junge Paar schmerzlichen Abschied hat nehmen lassen, bleibt der Erzähler zurück und sieht aus seinem einsamen Zimmer *über den verschneiten Garten hinweg zu der alten Linde hinüber; es kam mir vor, als strecke sie die Arme zweifelnd in die kalte Winterluft hinaus, wie um etwas zu halten, das ihr entfliehen wollte, und das zu erfassen sie nicht die Macht hatte, weil sie doch im heimatlichen Boden wurzelte.* Als die säende junge Bäuerin der Tremel-Eggert der *tief erregenden Süße* in *ihrem jungen Körper* einigermaßen innegeworden ist, fühlt sie das Folgende: *Hätte sie sich in dieser Minute in einen Baum verwandelt, wären ihre Füße hinuntergewachsen, seine Wurzeln zu werden, hätten sich ihre Arme, ihre Hände gebreitet zu tragenden Ästen, sie hätte sich kein bißchen gewundert.* Die Heimburg hat mit einer glatten Sentenz die Erklärung parat für solche Transgressionen in die Pflanzenwelt: *Der Mensch trägt unbewußt seine Stimmungen auch auf Lebloses über.*

Das *unbewußt* ist verräterisch und deutet auf den assoziativen Charakter, den die Bilder und Vergleiche haben. Sie dienen nicht der Explikation eines bildlich eher als beschreibend zu fassenden Sinnes, sie bereichern auch nicht eine gezügelte Darstellung durch die Fülle echter Sinnfälligkeit. Vielmehr werden sie als Möglichkeit gebraucht, die Variationsbreite der Reize zu erweitern. Weihnachtlicher Abschied im dunklen Zimmer ist traurig-reizvoll genug, aber diese Stimmung kann mit Hilfe der alten Linde noch weiter ausgespielt werden, ohne daß irgendeine Begründung, irgendeine poetische Notwendigkeit bemüht werden müßte. Die freie Assoziation, die völlige Beliebigkeit des *es kam mir vor als* und des *wie,* um genügen dem Autor, um die Skala passender Gefühle schillern zu lassen: Zweifel, Flucht, Machtlosigkeit und Heimattreue finden ihren Ausdruck. Es spielt dabei keine Rolle, daß das Bild an sich ohne Sinn ist, denn es steht weder mit der Anschauung des Baumes noch mit der Situation in einem genauen Zusammenhang. Abgesehen vom „Stimmungsgehalt" ist es so überflüssig wie die Tatsache, daß das Bauernmädchen sich nicht verwundert hätte, hätte sie Wurzeln geschlagen. Der Modus solcher Imaginationen ist ein sinnloser Irrealis, der Mangel an Notwendigkeit ist wiederum deutlich.

Man kann das am scheinbar durchgeführten Bild genauso zeigen, wie an den zahllosen kursorischen Vergleichen, mit denen die Autoren ihre Texte bereichern. Es gibt wahre Meister des unangemessenen Bildes, denen gar der einfache Vergleich noch nicht genügt, weil der Vergleich im Vergleich oder eine Kette von Vergleichen weitere Assoziationen ermöglichen. Wildenbruch kultiviert dieses Mittel mit vielen anderen Autoren in diesem Band. Die enttäuschte Liebende hat die Briefe einer vergangenen Zeit vorgenommen, *die jetzt wie verwelkte Blätter* (das Bild ist noch mit den Briefblättern zu vereinen) wie *Schuttbrocken eines Palastes* (das Bild widerspricht der ersten Erfordernis jeglicher Bildlichkeit, der wahr entsprechenden Anschauung) *vor der einsamen Frau lagen*. Dann geht es fort, nach einem schüchternen Versuch, den Bereich dieser Bilder festzuhalten: *wie mit dumpfer, klagender, beinah heulender Stimme* tönt es ihr aus den Blättern entgegen. Sie sind *funkelnd von Geist, sprühend von Leben und atmend von Sehnsucht und Liebe, wie Küsse, unter denen man wie unter Blumenduft erstickt*. Sie atmen wie Küsse, unter denen man wie unter Duft erstickt. Der Doppelvergleich macht die gänzliche Sinnlosigkeit der Bilder deutlich, welche sich gegenseitig aufheben. Weder der Autor noch seine Leser werden sich daran stoßen, denn ihnen geht es nicht um die Erschließung von Sinnzusammenhängen in der poetischen Anschauung; sie helfen sich von Reizmoment zu Reizmoment, und dem werden die „Bilder" dienstbar gemacht wie alles andere. Die Vernunft ist nicht das Vermögen, mit dem man Kitsch genießt; das Sentiment hat sie abgeschafft. Wer sich mehr Beispiele wünscht, wird sie überall, in den Stücken von W. Schäfer und R. Muschler besonders reichlich, als ein weiteres Mittel assoziativer Lyrisierung finden.

Dieser Sachverhalt erscheint aber auch in veredelter Gestalt. Das Alpaka des falschen Bildes wird noch übertroffen vom Doublé des Pseudosymbols. Es wird von den anspruchsvolleren Schreibern gepflegt und von einem Publikum gesucht, welches über die Reize hinaus auch Bedeutung in der Lektüre zu finden hofft. Die Aspirationen etwa Bindings, Weinhebers und des sudetendeutschen Heimatdichters Watzlick sind höher als die der „Gartenlaube" und der Courths-Mahler. Wie groß ist der poetische Gedanke des wackern Watzlick, einen alten Soldaten die einzige scheintote Tochter begraben zu lassen, die ein grausames Ende in kühler Gruft gefunden hätte, wäre nicht der Erzähler dabeigewesen. Dieser kann den Gedanken an den im Sarg mit eingeschlossenen lebendigen Schmetterling nicht ertragen: *‚Begrabt den schönen Falter nicht!'* — *‚Wehe, das holde pfauäugige Wunder war gefangen, der Verwesung zugesellt!'* Um das Leben *zu schützen und zu befreien,* öffnet der tierliebe Mann den Sarg noch einmal: *‚In selber Weile — o heiliges*

Wunder! — taten sich die Augen des Mädchens auf.' Das echte
dichterische Symbol hat einen solchem Pseudosymbolismus vollkommen entgegengesetzten Charakter: es drängt sich nicht auf,
es bedarf schon gar nicht explikatorischer Hinweise. Vielmehr
ist es nach den Worten Benjamins *das, worin die unauflösliche
und notwendige Bindung eines Wahrheitsgehalts an einen Sachgehalt erscheint.* * Das bedeutet für die Erzählung, daß das
Symbolische sich gleichsam ergibt. Sachen oder Situationen,
welche auf die selbstverständlichste und einleuchtendste Weise
zum Hergang der Geschehnisse selbst gehören, gewinnen unver-
sehens sinnerschließende Kraft: das Trinkglas Eduards in den
‚Wahlverwandtschaften‘, die roten Vorhänge in ‚Le Rouge et le
Noir‘, ein Haar, welches einen Blumenstrauß bindet in ‚Irrungen Wirrungen‘ — das sind die einfachen und unaufdringlichen,
mit Notwendigkeit der Handlung einverleibten Symbole wirklicher Dichter.

Das Pseudosymbol kennt die Notwendigkeit, die sich wieder
als Schlüssel zur Unterscheidung zwischen Kunst und Unkunst
erweist, keineswegs. Der Kitschautor hält erst Ausschau nach
Gegenständen, die ebenso sentimental sind wie sie offensichtlich
mit Sinn befrachtet werden können. Er denkt nach den von seinen
bequemen Vergleichen vorgezeichneten Bildvorlagen. Ein zarter
Schmetterling, der *ängstlich den Ausweg aus der Finsternis
sucht* und als Pseudosymbol vom Atem einer Pseudoleiche bebt
— welch ein verständliches Zeichen für die Gefährdung des
schönen Lebens, so denken Watzlick und seine Leser, die den
aufdringlichen Hinweis verstehen; eine gewaltige Woge, die
ein edles Mädchen entkleidet und überflutet — welch ein Hinweis auf die Gewalt der Leidenschaft, so dachte Binding; eine
Insel im Meer — welche Figur für die menschliche Existenz, so
dachte Weinheber und gab die Deutung gleich dazu: *Das Meer
ist eine riesige Stadt, die schütternde Zeit, die bittere Welt. Die
Insel darin sind ihre eigenen Herzen. Ein Herz die Heimat des
andern* . . . Eben dies sind keine Symbole, denn der Bedeutungs-
gehalt hat einen sachwidrigen Vorrang vor dem Sachgehalt. Die
Sache selbst müßte einleuchten als natürliches Glied der Handlung, nicht als gesuchtes, nach dem der Schreiber Ausschau hielt,

---

* Walter Benjamin, Schriften, Band I, Berlin 1955, S. 85.

nicht als hundertfach ausgedeutete Allegorese, welche sich an-
bietet. Die Wahrheit des epischen Symbols ist in nachdenkens-
werter Weise mit seiner Wahrscheinlichkeit verbunden, fehlt
diese, so wird jene nie Leben gewinnen, sondern ein toter Ge-
meinplatz bleiben. Der schlechte Schreiber gebraucht die Dinge
um ihrer Anwendbarkeit willen; er wählt sie, wenn er sie als
Vehikel dürftigen Tiefsinns für geeignet hält. Der Dichter
erzählt von Dingen, weil sie nur so und nicht anders erscheinen
können: es gibt auch eine Notwendigkeit der Imagination, die
der Notwendigkeit des Lebens entspricht. Sie drückt sich aus
in der von Benjamin als unauflöslich bezeichneten Verbindung,
welche die Sache mit der Wahrheit eingegangen ist. Sie fehlt
im Kitsch, der die reizvolle Möglichkeit der Vergegenwärtigung
vermeintlichen Tiefsinns ebenso gern ergreift wie die Chance,
andere Reize zu vermitteln. Auch hier gibt die Rücksicht auf
die augenblickliche Wirkung den Ausschlag. Die Begründung
durch den Zusammenhang des Ganzen fehlt. Wie es ihm be-
liebt, stellt der Autor die Dinge dar und setzt die Reize. Beliebigkeit aber ist diejenige Eigenschaft, die dem dichterischen
Symbol vollkommen abgeht.
Damit stellt sich die Frage nach dem Verhältnis von Kitsch
und Realität. Der Stil solcher Autoren, wenn das Wort überhaupt anwendbar ist, ist auf den momentanen Effekt gerichtet
und von ihm bestimmt. Die Stoffe dagegen scheinen auf Zusammenhänge zu weisen, die sehr alt sind und enthalten Motive, welche von jeher den Menschen erzählenswert waren. Das
mag nicht sogleich hervortreten, wenn man die „Wirklichkeit"
ins Auge faßt, von der etwa die Eschstruth oder die Marlitt
berichten. Auf den ersten Blick ist sie zeitgebunden und verleugnet nicht den Versuch der Verfasserinnen, der wiederholten
Aktualisierung einzelner Reize die umfassendere Aktualität des
Gegenstandes entsprechen zu lassen. In der größeren Zahl der
Fälle führen die hier gesammelten Stücke im Augenblick ihrer Pu-
blikation Zeitgenössisches vor und statten die Erfindung mit Zügen
aus, in denen der Leser seine gegenwärtige Wirklichkeit wieder-
zufinden glaubt. Besser gesagt: sie suchen ihn glauben zu machen,
daß er seine Wirklichkeit wiederfinde. Sie ist der Boden, auf
dem in der Gartenlaubenzeit die Kommerzienräte und höheren
Töchter, die Leutnants und ihre Burschen, die ehrlichen Hand-

werker, falschen Priester, verarmten Witwen, pflichttreuen Fürsten und Dienerinnen, die Amerikafahrer und Heidebauern daheim sein sollen. Sieht man aber näher zu, so machen die vielen gegenwärtiger Wirklichkeit entnommenen Details doch nicht den eigentlichen Habitus der Gestalten aus. Der falsche Priester, der das Vertrauen der jungen Frau schmählich mißbraucht, erhält von der Eschstruth die schurkischen Züge, die ihm nach der Ideologie des gerade aktuellen Kulturkampfs zukamen. Sie sind besonders reizvoll, weil sie im Widerspruch zu den Forderungen seines frommen Standes stehen — und ein vom Leser durchschauter Widerspruch gehört zu den willkommenen Reizen. Aber das schwarze Habit verdeckt doch nicht ganz den eigentlichen Charakter der Gestalt. Sie ist in der Literatur von alters zu Hause — ist der Schurke schlechthin.

Man hat oft und nicht ohne nachsichtiges Lächeln der Schwarzweißmalerei gedacht, welche der Trivialliteratur eigen ist. Die noble Braut und der nichtswürdige Bräutigam, das liebe Kind und die Rabenmutter, der würdige Liebhaber und die unwürdige Braut, der wahrhaft adlige und der verkommene Bruder sind häufige Figuren. Das Leben, so sagt man, sei ganz anders, und es läßt sich nicht leugnen, daß eine ganze Reihe der für den Kitsch typischen Figuren kaum je im Umkreis unserer Erfahrung rein in Erscheinung treten. Mag der Kitsch reine Gefühle weder darstellen noch erregen, undifferenzierte Typen in einfachsten Situationen und Beziehungen zeigt er jedenfalls. Menschliche Möglichkeiten werden verabsolutiert, menschliche Konstellationen vorgeführt. In der Kitschliteratur begegnen wir öfter als „in Wirklichkeit" dem durch nichts beirrbaren aufrechten Mann, der seine Überzeugung höher achtet als den Hunger. Wir werden Zeuge rührender Treue über das Grab hinaus, wie sie Mimili übt. Wir erleben das freiwillig-unschuldige Opfer (*„Vater, ich sühne"*), oder sehen mit Grauen, wie ein Schurke die eigene, unbescholtene Tochter seinen bösen Interessen aufopfert. Der Abscheu soll uns packen wie er Perfalls Röschen packt angesichts einer Mutter, die ihr eigenes Kind verleugnet (*. . . das entsetzlichste Verbrechen gegen die Natur!*). Die Härte des Daseins fühlen wir mit der edlen Frau, die um einer reichen Jüdin willen schändlich verlassen ward („ *. . . ihre herrlichen Glieder, ihr schönes Gesicht und leuchtendes Haar, da-*

23

hingeworfen wie ein Haufen Kehricht für ein schmutziges Bün-
del stinkender Bankaktien!"). Wir begegnen dem alternden
kranken Edelmann mit der herzlosen jungen Frau *("Den Frack*
und die Orden, Jean, ich denke, es wird mir besser!"). Wir be-
staunen die Kraft der Entsagung: *"Gott schenke Ihnen Glück,*
Frau Gräfin, ein reines, volles Glück." Und niemand wird sich
über einen tragischen Ausgang verwundern, wenn der Vater
um die Hand der erfahrenen Frau anhält, welche der unmün-
dige Knabe nicht nur mit ganzer Seele liebt — eine nicht unge-
wöhnliche Variante des Verses, den Mörike aus gutem Grund
für einen Volksliedvers ausgab: *Ihr liebet einerlei Liebchen*
heißt es in dem Lied *Die Schwestern.*

Es ist nicht damit getan, daß man derart einfache, derart simpli-
fizierende Handlungen belächelt. Über die Kunstlosigkeit des
Kitsches vermögen sich Kunstverständige wohl zu einigen. Die
Frage nach den Gründen, die ihn immer wieder zu den gleichen,
einfachen Gegenständen führen, ist schwerer zu beantworten
und schließt die Frage nach dem Grund der Trivialliteratur
überhaupt ein. Sie hat eine weitgehend unerforschte Geschichte;
man mag die Lyrisierung auf eine herabgekommene Romantik
zurückführen und die sentimentale Empfindungsskala auf den
Trivialroman der Empfindsamkeit, man kann wohl auch die
psychologischen Ursachen der Reizwirkung beschreiben. Aber
das sind vordergründige Probleme gemessen an der Tatsache,
daß der Kitsch die Grundfiguren des Märchens bis auf den heu-
tigen Tag wiederholt. Die Kitscherzählung hat einen Helden,
der durch Prüfungen geht. In allen möglichen Variationen
repetiert sie die Geschichte vom reinen Herzen, welches sich dem
Geschick unterwirft und wider alle Vernunft schließlich seinen
Lohn erhält. Sie kennt die arme Schöne, das verlassene Kind,
den treuen Diener, den wahren und den falschen Freund, den
bösen und den treuen Bruder. In ihr wird, wie im Märchen, die
menschliche Wirklichkeit auf ihre extremen Möglichkeiten redu-
ziert und wie dort werden die sich ergebenden Grundfabeln
miteinander gemischt und immer aufs Neue kombiniert. Eine
auch der Märchenwelt immanente Gerechtigkeit siegt am Ende:
der einfältig Gute erhält seinen Lohn, das Mädchen den Mann,
der Schurke die Strafe. Insofern ist die Tendenz des Kitsches
antirealistisch, denn die Verhältnisse, sie sind nicht so. Ange-

sichts dieses unbestreitbaren Sachverhalts pflegt man den Kitsch als verlogen zu bezeichnen und seine Mischung von Reiz und Unwahrheit als böse. *Der Kitsch ist das Böse im Wertsystem der Kunst*, schreibt Broch, und: *Es ist die Bösartigkeit einer allgemeinen Lebensheuchelei, verirrt in einem ungeheuren Gefühls- und Konvenügestrüpp.* *

Allein das Dickicht der Gefühle ist nicht dicht und die Konventionen sind so übersehbar, daß man sie kaum der Lüge zeihen kann. Ihre Irrealität liegt so offen zutage wie ihr simplifikatorischer Charakter. *Lena Warnstetten stand bleich und zitternd vor ihrem Vater und starrte ihn mit entsetzten Augen an. War es Wirklichkeit, was sie eben durchlebte?* Die Frage ist berechtigt, denn „in Wirklichkeit" mag wohl der schurkische Vater vorkommen, der *in roher Genußsucht* seine Güter durchgebracht hat und sich salvieren will, indem er die Tochter verkuppelt. Kaum vorkommen aber wird die Kumulation, die das Irreale der Konstellation ausmacht. Der Vater verlangt die Preisgabe der Tochter, ein unsittliches Begehren; der Zufall wirft die edle Mutter gerade jetzt auf den Operationstisch, auf Leben und Tod. Lena Warnstetten fragt sich: *Durfte sie an sich denken, wenn alles um sie her in Trümmer ging? Ihr Vater ein Ehrloser, ihr Name gebrandmarkt, des Bruders Leben zerstört und das der geliebten Mutter doppelt gefährdet! Und in ihre Hand war es gegeben, dies alles zu verhüten. Aber um welchen Preis?*

Die Courths-Mahler hat mit solcher Exposition fein säuberlich ein elementares sittliches Problem dem naiven Leser vorgeführt, ein Exemplum dessen, was das Leben dem Menschen abverlangt. Es ist ein Fall aus der Kitschretorte, aber ein in seiner Eindeutigkeit einleuchtender Fall. Was ihm an Wahrscheinlichkeit abgeht, ersetzt er durch Übersehbarkeit. Nur die Oberfläche des Kitsches ist überladen, seine Fabeln neigen zu karger Abstraktion. Lena Warnstetten wird übermenschliche Kraft auf ihrem Leidenswege aufbringen müssen, mehr, als Menschen in Wirklichkeit zu leisten vermögen. Aber gerade ihr synthetischer Probefall macht, von den Bedingungen der Wahrscheinlichkeit befreit, menschliche Grundbedingungen deutlich. Der Bosheit der Welt wird die Kraft eines edlen Gemüts ent-

---

* Hermann Broch, Dichten und Erkennen (Essays I), Zürich 1955, S. 307.

gegengestellt. Der Leser erhält die Möglichkeit, sich mit ihm zu identifizieren, um auf diese Weise teilzuhaben an der befriedigenden Auflösung der im Leben unauflöslichen Verhältnisse, am happy end, das märchenhaft und antirealistisch ist*. Die Fabel leistet also zweierlei: sie führt einem zur Reflektion unfähigen Publikum Fälle vor, an denen die Daseinsbedingungen erkennbar werden; sie zeigt — auf der Folie des Bösen — wie der Mensch sein sollte. Sie verspricht, genau wie das Märchen, einen Lohn der Angst. Sie hält dabei mit Zähigkeit an einer simplen Moralität fest, die ihren Grund nicht in der Bigotterie wilhelminischer Gesellschaft, sondern in der Überzeugung hat, daß das Gute siegen müsse, wenn anders das Leben überhaupt einen erträglichen Sinn haben soll. Der Stoff hat also exemplarischen Charakter und ermöglicht eine Welt-Anschauung. Er wurzelt in Sphären, die sich dem ästhetischen Urteil entziehen. Deutlich wird dies im Bereich der bildenden Kunst am Devotionalkitsch, an dessen süßlichen Produktionen sich echte Frömmigkeit zu realisieren vermag. In vergleichbarer Weise verschafft die Erzählung dem denkunfähigen und ästhetisch ungeübten Leser diejenige Vorstellung von der Welt, die durch viele Jahrhunderte vom Märchen geboten wurde. Indem sie die Undurchschaubarkeit der Weltverhältnisse in einfache Bilder auflöst, befriedigt sie das sehr ursprüngliche Verlangen nach Imagination. Indem sie den Zufälligkeiten der Wirklichkeit Ordnungsmuster unterlegt, gibt sie Weltdeutung, für deren Bewertung die Abweichungen von der Realität unerheblich sind. Im Gegenteil — sie führt vor, wie die Welt sein sollte, und wenn sie die Wünsche erfüllt, deren Gewährung die harte Wirklichkeit vorenthält, so handelt sie wiederum wie das Märchen und setzt wie dieses vor die Erfüllung die Bewährung. Allerdings ist dem Vergleich zwischen Märchen und Trivialliteratur eine bezeichnende Grenze gezogen, die auch von der Tatsache nicht beeinträchtigt wird, daß die letztere offenbar die Funktionen des ersteren übernommen hat. Als ein Produkt der modernen Welt hat der Kitsch die Welt des Märchens — und nicht nur diese —

---

* Vgl. hierzu Walter Benjamin, Traumkitsch, a. a. O. S. 423—425. Der ganz kurze, ursprünglich in der Neuen Rundschau 1927 erschienene Artikel stellt die vorzüglichste Äußerung zum Kitsch-Problem dar.

gründlich säkularisiert. Was im Märchen dämonisch ist und noch Erinnerungen an uralte Ängste, die Wirksamkeit ursprünglicher Mächte erkennen läßt, ist jetzt verflüchtigt. An die Stelle des Dämonisch-Bösen ist das moralisch Schlechte getreten. Nicht mehr Hexen oder verwünschende Feen gilt es zu besiegen, sondern eine intrigante Hofmarschallin oder eine zwar üppigschöne, aber schlechte Nebenbuhlerin, aus der Märchenprinzessin wird Komteß Else. An die Stelle einer waltenden Macht, deren unerforschlicher Fügung auch die Zeit unterworfen ist (gerade als die verwunschenen hundert Jahre vorüber sind, kommt der Königssohn zu Dornröschen), tritt der Zufall.

Der Kitsch hat den ursprünglich theologischen Gegensatz zwischen Gut und Böse, Rein und Unrein zu einem nur moralischen eingeebnet. Zugleich modifiziert er die archaische Figurenwelt, die er im Grunde weiter gebraucht, nach den Bedürfnissen eines modernen Bewußtseins. Er historisiert das Märchen, indem er es vergegenwärtigt. Der entschiedenste Schritt zur Säkularisation wird getan, indem die Erzählung aus der immerwährenden Gültigkeit des unvordenklichen „Es war einmal" (und kann deshalb wieder sein) in die vergängliche Flüchtigkeit der eigenen Gegenwart umgesetzt wird. Die Vorgänge spielen — vollkommen konsequent — nicht mehr in den Zeiten, da das Wünschen noch geholfen hat: jede übersinnliche, jede eigentlich religiöse Dimension wird abgeschnitten. Die dadurch verlorene Beziehung auf eine tiefere, wiewohl nur geahnte Wahrheit wird ersetzt durch den Versuch einer geschichtlichen Bewahrheitung. Die Überzeugungskraft des ursprünglich Märchenhaften, solchermaßen beeinträchtigt, muß durch die Überzeugungskraft einer in Einzelzügen erkennbaren Wirklichkeit ersetzt werden. Die Fülle von Imagination, welche die Märchenbilder auszulösen vermochten, wird durch das Detail ersetzt, das dem Leser, der nicht mehr, wie einst, imaginieren kann, zum Indiz der Wahrheit dient. Das Leben, das die einfachen Figurationen in der Imagination hatten, soll jetzt durch den Reiz vorgespiegelt werden, den die als gegenwärtig vorgeführte Einzelheit ausübt. Je mehr Reiz, desto mehr Leben, das ist der Trugschluß, der den Kitschautor zu seinen Kumulationen führt, die also keineswegs allein in der „Genüßlichkeit" begründet sind.

Der hier beschriebene Vorgang kann an den Texten auf zwei-erlei Weise abgelesen werden. Einmal ist ihr Hang zur Säku-larisation evident, zum andern die immer erneute Historisie-rung der Grundformen. Schauer und Frömmigkeit, die im Mär-chen noch von der Erfahrung einer in diese Welt hineinwirken-den unbegreiflichen Welt ausgelöst werden, sind nunmehr in der begreiflichen angesiedelt. Das Heilige wird so hiesig, wie die Rechtfertigung moralisch wird. Es erscheint vor allem als das „Schöne", häufig mit dem Erotischen kumuliert, immer des Furchtbaren entkleidet. Aber es verzichtet nicht auf den selbst-losen Beweggrund, nicht auf das Opfer und nicht auf die erlösende Kraft, zu der es von jeher Hoffnung gab. Sie wird im Kitsch zur weltlichen Hoffnung: *Einer Genesenden gleich hob sie das Haupt . . . „So bin ich Ihnen . . ." „Heilig!" „Heilig, Peter Lechter?" „Wie eine Göttin!"* Das Gespräch zwischen dem Künstler und der durch sein Klavierspiel erschütterten Frau Maria findet schon im vorliegenden Bande zahlreiche Variatio-nen. Insofern sie Erlösung und Genesung versprechen, werden diese —in der Konsequenz einer säkularen Weltvorstellung — nicht von oben gewährt, sondern zumeist mutuell ermöglicht. Die begehrenswert schönen Mädchen erhalten die Bezeichnungen von Heiligen: *„Du holdseliges angebetetes Mädchen"*, ruft Graf Waldohna bei Clauren angesichts der kokett schlummernden Adolphine. *Wie eine Gloriole* schimmert es um das Haupt der aufzuopfernden Judika bei Voß. Skowronnek erträumt sich die *reine, heilige Liebe. Du bist mir heilig geworden* versichert Graf Harro dem Seelchen, welches ihm *einen Sturm der Seligkeit* durch die bloße Anschauung verschafft hat. Als *lebendiger Engel* erscheint Mimili dem Leutnant und die schon einmal zitierte Stelle erhält nun eine neue Beleuchtung: *Sie schlang ihre Linke um mich und drückte mit ihrer Rechten das eiserne Kreuz an ihre Lippen, wie eine Gläubige, im Drange der Gefahr, ihr Amulett.* Der klassizistische Binding hat eine ganze Serie von heidnisch-christlichen Zügen kumuliert. Sein Held, ein deut-scher Flieger und Heilbringertypus, errang die *Unsterblichkeit* und ist im unendlichen Ozean aufgegangen; die reine belgische Frau gebiert ein ihm gleichendes heilbringendes Kind, nachdem sie *auf der Mole gekreuzigt* und vom Meer wunderbar befruch-tet worden war.

Binding stellte seinen entrückten Helden nicht ohne nationale Akzente dar; anderen Ortes übernimmt das kitschige Nationalgefühl überhaupt die Rolle des Religiösen. Es ist eine der Stellen, wo die Grenzenlosigkeit des Kitsches und seine Tendenz zur nivellierenden Vermischung am peinlichsten wirksam werden und zugleich die folgenreichsten Effekte hervorgebracht haben. Als die auf die französische Seite geratene Eva, Geschöpf der Gräfin Salburg in ‚Vater und Vaterland‘, in der Ferne den *deutschen Militärschritt* vernimmt, ist *das wie das Nahen einer Verheißung*. Eva wird davon entrückt *wie Sibille Madeleine in der Kirche, wenn eine Vision sie emportrug, daß sie Gott zu schauen schien.* Aber sie schaut keine himmlische Erscheinung von ordnender Kraft, sondern *in dieser Stunde zum ersten Male des Lebens Inhalt — sich selbst, das Vaterland.* Die Zweifelhaftigkeit des Opfers, das Eva bringt, kann nicht besser bezeichnet werden, als durch die Kumulation der „höchsten Werte", die hier erschaut werden — das Selbst und das Vaterland. Sie entspricht den zwei Jahrzehnte später im Jahr 1932 von H. H. Ewers beschriebenen Visionen, in welchen die Mutter von Horst und Werner Wessel als eine andere Maria unter dem Kreuz geschildert wird: *Damit Deutschland lebe — darum mußten sie sterben!* ist ihre Einsicht.

Es zeigt sich, daß auch die vorgebildeten Formen, in welchen die Trivialliteratur den imaginativen Bedürfnissen zu entsprechen sucht, wie viele Erscheinungen der modernen Welt wertfrei geworden und auf zeitgenössische Inhalte relativiert sind. Der nationalistische Inhalt etwa mag als „böse" qualifiziert werden, wie es Broch mit dem Kitsch schlechthin tut. Aber nicht dieser ist schlecht, und ob seine Funktion an sich zu verdammen sei, erscheint ebenfalls problematisch. Böse wird die Sache erst dadurch, daß die alten, ursprünglichen Figuren und die nicht minder ursprünglichen Bedürfnisse Emotionen oder Gehalten dienstbar gemacht werden, deren Nichtigkeit durch die Reizwirkung und den erwünschten, vorgeformten Märchenverlauf verdeckt wird. Das Märchen konnte für seine archaische Weltdeutung einen Wahrheitsanspruch erheben; der Kitsch, der sich ihn zunutze macht, kann es nicht mehr. Auch das ist ein Grund für die Emphase, mit der die Trivialliteratur sich vorträgt: sie sucht soviel Legitimation als ihr möglich ist zu gewinnen und gebraucht dazu alle erreichbaren Mittel. Sie wendet sich an die Emotionen, sie ermöglicht die imaginative Erfüllung von Wünschen, sie folgt den Mustern des Märchens und entspricht damit sehr ursprünglichen Bedürfnissen, aber sie versäumt auch nicht, sich als „modern", das heißt gegenwärtig und schon durch die bloße Gegenwärtigkeit glaubhaft darzustellen. Das derart historisierte Märchen ist für den Leser um so wahrer, je glaubhafter seine Zeitgenössischkeit hervortritt. War es für viele Jahrhunderte eigentlich zeitlos und in einem vielen Epochen und Völkern gemeinsamen Stil vorgetragen, so sieht es sich nun genötigt, an jedem Stil teilzuhaben.

Autoren wie Sudermann und Halbe machen den Kitsch realistisch auf, und es spielt dabei keine Rolle, daß die Realität, welche damals wie krasser Naturalismus wirkte, jetzt wie ein milder Romantismus sich darstellt. Das Gros der Autoren folgt bis heute dieser Richtung, wobei die Variationen nach der sentimental-romantischen und nach der realistisch-gesellschafts-kritischen Seite schwanken. Im Kern ist der Kitsch einem poetischen Realismus verhaftet, weil er seinen fundamentalen, märchenhaften Antirealismus überspielen muß. Die Autoren mit Ambitionen suchen sich dem zu entziehen, indem sie die vorgeprägten Figurationen mit den Zügen anderer Stile versehen, welche von der Dichtung entliehen werden. Dann tritt an die Stelle der Legitimation durch erkennbare „Wirklichkeit" diejenige durch den erkennbaren Stil, der die Überzeugungskraft ursprünglicher Werke auf die epigonalen übertragen soll. Daher rührt Bindings wie Weinhebers Pseudosymbolik und Pseudoklassizität, daher die falsche Romantik von Hauptmanns Märchendrama (wo das Märchen sich als Märchen in moderner Zeit verkleidet) oder in vielen Erzählungen Wiecherts, daher die impressionistische Pseudomystik Stehrs. Alle diese Stile sind nur accessorisch und sind nicht, wie in der großen Kunst, mit Notwendigkeit dem Kunstwerk zugehörig. Ihr ephemerer, der Aktualisierung entsprungener Charakter wird offenbar, sobald die Aktualität vorüber ist.

Die Trivialliteratur wendet sich nicht an Kenner, welche das Vergängliche vom Bleibenden unterscheiden können und dabei oft genug fehlgehen. Die Angst vermag einen anzukommen, wenn man bedenkt, wer unter den Autoren dieses Bandes einmal zu den Lieblingen der Deutschen gehört hat. Die Trivialliteratur wendet sich vielmehr an ein Publikum, das ohne Kunstverstand doch der Tröstung durch die Produkte der Phantasie und des funktionierenden Märchens nicht entraten kann. Wie die Träume der Nacht zum seelischen Haushalt gehören, so scheint dieser auch der papierenen Tagträume bedürftig zu sein. Dabei ist ein merkwürdiger Vorgang zu beschreiben, der außer den literarischen auch soziale Konsequenzen gezeitigt hat. Der Kitschautor gewann die Überzeugungskraft seiner Produkte nicht zuletzt aus der Häufung der Reize, die Leben dort vortäuschen, wo eigentlich nach Mustern verfahren wird. Der Leser bedarf dieser Reize, um von der Aktualität des Märchens um so überzeugter zu sein. Mit dem Buch ist der Reiz dahin und das Bedürfnis stellt sich neu. Es drängt nach Wiederholung und neuer Bewahrheitung in endlosen Variationen: die Trivialliteratur wird zur Konsumware, der Leser zum Konsumenten, und eine ganze Industrie sucht das geweckte und erkannte Bedürfnis zu unterhalten. War es einmal ursprünglich — in seinen Wurzeln ist es dies immer —, so verdeckt jetzt der Genuß des Reizes die echten Motive. Der Kumulation der Kitschmittel entspricht die Kumulation der Lektüre. Ihre anhaltende Variation hängt auch damit zusammen, daß Kitsch eben nicht Kunst ist. Die Unendlichkeit eines Werkes von Rang fordert zu immer erneuter Betrachtung auf, welche sich als um so unerschöpflicher erweisen wird, je höher jener Rang, je verständiger der Leser ist. Die Endlichkeit des Trivialen hingegen läßt mit dem Buch auch das Interesse schwinden; es erneuert sich an einem anderen trivialen Gegenstand, vielleicht nicht allein um des Genusses willen, sondern auch in der unbewußt bleibenden Hoffnung, es möchte hinter dem bunten Kaleidoskop aus Märchenbausteinen nochmals ein Blick sich eröffnen auf den Zusammenhang der Dinge.

Das Kitschpublikum muß solche Einsichten entbehren, denn die Kunst ist ihm fremd, das echte Märchen lebt nicht mehr und die Bibel wurde zum unbekannten Buch. So blättert es in den „modernen" Märchenbüchern, die es — ebenfalls im Unterschied zur Kunst — auf unverbindliche Weise mit Schicksal konfrontieren. Es genießt dabei neben allen übrigen auch noch den Vorzug einer sozialen Illusion. Für lange, jetzt allerdings vergangene Zeit ist der Umgang mit Poesie eine Grundlage der Bildung gewesen. Die höchste Kultur, welche man im Deutschland der Neuzeit erreicht hat, war durch die Beschäftigung mit der Sprache und mit der Literatur entstanden. Die Privilegien, welche eine höhere Bildung verlieh, wurden nicht zuletzt durch den Umgang mit klassischen Texten erworben, zu dem das Gymnasium seine Zöglinge nötigte. Die Kenntnis der Alten und die außerordentliche Macht der Dichter in der ersten Hälfte des vergangenen Jahrhunderts (beides Ausdruck eines damals noch existierenden Kulturzusammenhangs) verbanden sich für das Auge der Unprivilegierten mit der Zugehörigkeit zur „Gesellschaft". Die Künste, schwer erreichbar von Natur und in ihrem eigentlichen Wesen nur der ernstlichen Bemühung und Einübung zugänglich, erschienen als eine Art von Standesprivileg, wie es das heute noch lebendige soziale Ressentiment gegen das humanistische Gymnasium zeigt. So lag es nahe, sich auf einem möglichst zugänglichen Wege der Teilhabe an dem begehrten Bildungsmittel zu versichern: indem man „Kunst" konsumierte, glaubte man der höheren Güter teilhaftig zu sein. Der Kleinbürger, welcher sich herrschaftlich kleidete — oder was er für herrschaftlich hielt — griff auch nach der Kunst; genauer gesagt: er griff nach einer Pseudokunst, welche für ihn die Kennzeichen der Kunst zu haben schien. Der Kitsch wurde zum Mittel einer sozialen Selbstbestätigung und nicht allein deshalb, weil er seine Schauplätze so gern in den vorgeblich „besseren Kreisen" wählte.

So ist der Kitschkonsum eng mit einer kleinbürgerlichen Halbbildung verbunden, die heute auch den größten Teil der sogenannten „Gebildeten" und die besitzenden Klassen ergriffen hat. Die Konsumenten wissen nicht, was sie konsumieren. Indem sie sich an den Pseudosymbolen erbauen, glauben sie an der Erkenntnis teilzuhaben, welche die Kunst auf ihre Weise eröffnet; indem sie Reize genießen, glauben sie der Anschauung des Schönen teilhaftig zu sein; indem sie sich der Illusion hingeben, es werde ihnen Welt dargestellt, nehmen sie nicht wahr, daß sie lediglich eine sekundäre Imitation der primären Bildkraft der Künste vor sich haben. Die platten Philosopheme der Trivialliteratur halten sie für Einsichten. Der Kitsch lebt von solchen permanenten Verwechselungen, die man doch nicht so einfachhin mit der Lüge identifizieren kann. Vielleicht handelt es sich um notwendige Illusionen, insofern der Mensch nicht ohne die Bilder der Welt zu leben vermag, welche die Phantasie sich erschafft. Die eigentliche Schwierigkeit liegt in der Tatsache, daß die Nichtigkeit des Kitsches zu leicht vergessen läßt, wie sehr er als ein Bankert der Kunst sein Dasein ursprünglichen Bedürfnissen verdankt. Vermöchten wir zu sagen, was die Kunst sei, so würde auch das beliebte und unablässige Gesellschaftsspiel zu Ende kommen, das eine Definition des Kitsches zur Aufgabe stellt. Sogar dieses Thema nötigt uns, eine Position zu beziehen, und die des Hochmuts wird nicht die rechte sein. Vielmehr könnte es sich verlohnen, all den hier nur angerührten Fragen nachzugehen und auch sie zum Gegenstand der Literaturwissenschaft zu machen, die bislang eine solche Beschäftigung für unwürdig hielt, weil sie, fast wie der Konsument des Kitsches, sich nur den Umgang mit Höherem erlauben wollte. Aber auch ihr wird in dieser Welt der Wunsch unerfüllt bleiben, den Ganghofers Fürst auf der Jagd in Worte faßt: „*Wer das so könnte wie der Wald: alles Schwächliche und Niedrige von sich abstoßen, nur bestehen lassen, was stark ist und gesund . . . so stolz und aufrecht hinaussteigen über den Schatten der Tiefe und die Helle suchen, die hohen reinen Lüfte! Wer das so könnte!*" Es ist ein sehr kitschiger Wunsch, dem man einen reinen Beweggrund nicht wird absprechen können

Adolphine streckte ihre zarten Glieder auf das weiche Moos; das heilige Rauschen in den Wipfeln der uralten Bäume, das Plätschern des zum Vater Rhein hinabeilenden Baches, lullten die Schlummermüde ein. Der Champagner und die Freude hatten den Liliensammet ihrer Wangen gerötet; das Köpfchen lag in der rechten Schwanenhand; die linke ruhte auf dem schwellenden Moose. Freundlich lächelten die Purpurlippen, als schwebe ihr der Scherz des Tages vor der freudetrunkenen Seele, der kleine Mund war halb geöffnet, wie eine eben sich entfaltende Rosenknospe; der Lilien-Busen wogte ruhig, und das niedlichste aller Füßchen im ganzen Rheingau war nur bis zur Zwickelspitze des blütenweißen Strümpfchens sichtbar. Leise Lüfte vom flutenden Rhein herauf küßten ihr kühlend die brennende Stirn und das geschlossene Auge und spielten heimlich mit dem lockigen Haar und den flatternden Bändern, und der lose Gott der Träume, der ihr auf des Champagners leichtem Schaume ein ganzes, mit mancherlei Gaukelwerk der Phantasie befrachtetes, buntgeflaggtes Schiffchen in des Herzens stillen Hafen gesandt, umfing sie jetzt mit seinen Blumenarmen.

Wohl mochte sie Dreiviertelstunden geschlafen haben, da rauschte es stärker im Gebüsch; sie ward nur halbwach und gewahrte einen der kleinen hier heimischen Zwerghirsche, der sich durch das Gesträuch Bahn machte und ihrem Lager sich näherte. Das niedliche Tier stutze, als es Adolphinen ins Auge faßte; als sie aber mit leisen Schmeichelworten es kirrte, ganz still liegen blieb, und ihm kosend die Flaumenhand entgegenstreckte, kam es, zahm und des Fütterns gewohnt, vertraulich heran und leckte an den rosigen Fingern.

Ein zufälliges Geräusch in der Nähe verscheuchte den kleinen hübschen Hirsch; mit einem behenden Satz flog er seitwärts in das Gebüsch, und Adolphine entschlummerte bald wieder, doch währte es nicht lange, als sie wieder etwas rascheln hörte. Sie schlug die Augen, noch voll tiefen Schlafs, halb auf, und blinzelte durch die langen Wimpern, und wähnte, das dreiste Tierchen zurückkommen zu sehen; aber statt dessen lag der vermeintliche junge Graf Waldohna zu ihren Füßen, die Hände, in süßem Entzücken der Überraschung, vor der kühnen Brust gefaltet und im stummen Anschauen selig verloren.

War es des Champagner-Schaumes sanft brausender Rausch oder die Feengewalt des seligen Augenblicks, oder die Macht des Schrecks, oder das Zauberspiel irgendeines wohltätigen Liebesgottes, oder ein wundersamer Zug von natürlicher Frauenlist — Adolphine gewann augenblicklich so viel Besinnung, sich den elektrischen Schlag, der sie bei dieser unvermuteten Erscheinung durchbebte, nicht im mindesten merken zu lassen; sie tat, als ob sie fortschliefe, und lugte durch die Wimpern. Immer wacher und wacher wurden ihre Sinne; des brüselnden Schaumes bedrückende Nebel verflogen, sie sah und hörte alles deutlich, sie war sich ihrer selbst vollkommen bewußt, aber keiner ihrer Züge verriet, was sie in ihrem Innern entfaltete; der Fremde glaubte, sie schliefe ruhig und fest.

Es war derselbe schöne junge Mann, den sie als Kind schon lieb gewonnen hatte, derselbe, der vor der Nonne und dem Klostergeschmeide kniete; derselbe, dessen Bild, ohne daß sie es damals ahnete, als das Ideal ihrer Liebe in ihrem jungfräulichen Herzen seit Jahren gewohnt; derselbe, den sie im Herrengarten gesehen hatte. Jetzt war es keine Täuschung mehr, sie sah ihn ja vor sich; sie sah ihm ja in das schmachtende Auge, in das männliche Gesicht voller Ernst und Milde; das waren jene schwärmerischen Züge, die sie so oft, so wunderbar ergriffen hatten; dies der selbst im Schweigen beredte Mund; dies die breite hochgewölbte Brust; dies der nervige feste Arm; dies die kräftige Gestalt; dies die sanfte Anmut im ganzen Wesen.

„Du holdseliges, angebetetes Mädchen", rief er mit gedämpfter Stimme, und verschlang die Liebesfülle ihrer zauberischen Reize mit seinen glühenden Blicken. Im Drange der ihn bestürmenden Gefühle bog er sich näher und berührte mit dem Saume seiner Lippen, die wie frisch aufgebrochene Granatblüten zitternd bebten, leise die äußersten Spitzen der rosigen Finger.

Adolphine schlief.

Kühner drückte er in die kleine weiche Hand, heimlich und verstohlen, einen sanften Kuß.

Adolphine schlief.

Und wenn alle Vierundzwanzigpfünder auf den Wällen der Feste Mainz dicht neben ihrem Ohr in einem Nu losgebrannt wären, sie hätte fortgeschlafen, so wohl, so unaussprechlich wohl tat der still Verzückten die zarte Huldigung des aus frühern Kindesträumen her längst vertrauten, heiß Geliebten.

Er aber, überwältigt von dem unnennbaren Liebreiz des himmlisch schönen Mädchens, streckte beide Arme verlangend aus, die Zaubersüße zu umschlingen, da platzte das lustige Völkchen mit Lachen und lautem Hallo hinter dem Busch- und Strauchwerke hervor, um die Langschläferin endlich zu wecken. Der Fremdling sprang, wie vorhin das Hirschchen, mit einem behenden Satze seitwärts und verschwand, und Adolphine — wer malt das Gesichtchen, worin die Freude und das Schmollen, die Lust und der Schmerz miteinander kämpften.

A. Clauren

Auf den Beeten blühten weiße und gelbe Narzissen, Tulpen und Hyazinthen in allen Farben, ihre Düfte mit dem schwülen Wohlgeruch des lieben, altmodischen Buchsbaums mischend. Noch niemals hatte ich solche ländliche Frühlingspracht gesehen.

Obstbäume gab es nicht auf dem hohen Alphof. Nur einen hohen wilden Apfelbaum sah ich über einer blühenden Weißdornhecke aufragen. Ein mächtiger Stamm war's, bis zum Gipfel in Blüten stehend, die Knospen fast purpurn aus winzigen, ganz lichten Blättern leuchtend, von Bienen umschwärmt, daß der alte Baum zu singen und zu klingen schien.

Von einer Ahnung getrieben, daß ich sie dort finden würde, trat ich leise näher. Plötzlich begann mein Herz heftig zu schlagen, plötzlich versetzte es mir den Atem, und — plötzlich stand ich vor ihr.

Die blühende Weißdornhecke hatte mir die Geliebte verdeckt! Sie saß von mir abgewendet auf einer kleinen grünen Bank und schien in den Sonnenglanz und in die Frühlingspracht hineinzuschauen. Ich wollte sie leise anrufen: „Liebe kleine Judika!" Jedoch eine jähe Angst: sie könnte vor Schrecken, vor Freude den Tod haben, erstickte meine Stimme. Denn ihre Gestalt war

noch feiner, noch zarter geworden, ganz unirdisch fein und zart!
‚Mit solcher Gestalt lebt man nicht lange‘ — mußte ich denken
und blieb stumm, bis in die tiefste Seele erschauernd. Wie sollte
ich es nur anfangen, ihr meine Gegenwart bemerklich zu machen,
ohne sie heftig zu erschrecken? Es überlegend und nicht findend,
stand ich mit angehaltenem Atem.

Regungslos saß sie unter dem Blütenbaum. Ihre beiden Hände
lagen matt in dem Schoß.

Noch immer trug sie ihr Trauerkleid. Auf dem schwarzen Stoff
ruhten ihre Hände, wie die Hände einer Gestorbenen so weiß.
Sie war ohne Hut. Ein Sonnenstrahl schimmerte auf ihrem
Haupt.

Wie eine Gloriole war's.

Wäre ich nur nicht so leise hinter sie getreten! Ich fürchtete mich
vor dem nächsten Augenblick, wie vor etwas Schrecklichem, Un-
faßbarem.

Wenn sie wenigstens eine Bewegung getan hätte! ... Im nächsten Augenblick schon wurde mein Wunsch erfüllt. Plötzlich
schien sie die Nähe des Geliebten, dessen sie gewiß mit heißer
Sehnsucht gedachte, zu fühlen. Ich sah, wie sie plötzlich zu-
sammenfuhr, sah sie eine Hand erheben und nach dem Herzen
greifen, sah sie sich umwenden.

Schon war ich bei ihr, war vor ihr hingesunken, hielt sie mit beiden Armen umfaßt, ihren zitternden Leib an mich pressend,
ihren leisen Aufschrei mit Küssen erstickend.

So blieben wir eine lange Weile ohne Worte. Nicht einmal unseren Namen konnten wir flüstern.

R. Voß

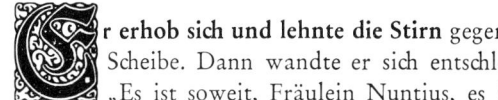r erhob sich und lehnte die Stirn gegen die schneekalte
Scheibe. Dann wandte er sich entschlossen um.

„Es ist soweit, Fräulein Nuntius, es ist soweit." Und
plötzlich ihre Hände nehmend, daß auch sie sich jäh erhob, stieß
er hervor: „Ja, glauben Sie denn wirklich, ich ginge sonst so
neben Ihnen her, säße so neben Ihnen da, ließe mich von Ihrer
jungen Güte beschenken und beschenken und streckte nicht die
Arme nach Ihnen aus und bäte und forderte: Du — du — kleine

39

— wunderliche — überreiche Helga, werde meine Frau? Werde
— meine — Frau — —?"

Ihr strömten die Tränen aus den Augen, aber sie wischte sie
nicht fort und schaute ihm in die Augen, die dicht über den ihren
lagen, und schämte sich nicht.

„Ich habe Sie sehr, sehr lieb, Herr Grube . . ."

„Weil ich Sie so lieb habe — darf ich Sie nicht betrügen wollen.
Ich hab' nichts mehr einzusetzen. Also aufhören können. Ich
kann es. Und nun, Sie wunderbares Mädchen aus der Fremde,
haben Sie Dank für den Frühlingsgruß. Den Gruß nehme ich,
der Frühling gehört Ihnen."

Da hob sie sich, mit ganz ernstem stillem Gesicht, auf den Fuß-
spitzen und küßte ihn auf den Mund.

Und er hielt ihren Kopf zwischen seinen Händen und lächelte in
ihre Augen hinein, als wäre dort ein See, auf dem ein bewimpel-
ter Kahn schwämme, und in dem Kahn stände die Jugend und
winkte ihm einen Abschiedsgruß . . . Dann berührte auch er sie
mit den Lippen. Und sie gingen zu den anderen. — — —

Und Helga Nuntius hatte die erste Begegnung mit der Liebe erlebt.

R. Herzog

ie ihr Herz vor Freude hüpfte, daß der geliebte Mann
wieder da war. Keine Spur von Ärger hatte sie emp-
funden. Nur heiße, süße Freude . . . Um den Hals
hätte sie ihm fliegen mögen, ihn herzen und küssen.

Das war vom ersten Augenblick an, als sie sich kennenlernten,
so gewesen. Ihr zuckte es in den Fingern, mit beiden Händen
seinen borstigen Schnurrbart zu fassen und ihm einen Kuß zu
geben. ‚Weshalb legt er den Arm nicht um mich, zieht mich an
sich und herzt mich ab? Gar kein Wort braucht er zu sagen',
dachte sie manchmal. Da hatte sie Angst vor sich bekommen, als
dies Gefühl sie überfiel, und sie hatte sich vor sich selbst ge-
schämt. War das richtige Liebe, die reine heilige Liebe . . .? Oder
was war das?

Der Zufall hatte ihr gerade in jenen Tagen ein Buch in die Hand
gespielt. Da wurde eine schöne stolze Frau geschildert, der es

ebenso ging wie ihr. Und da sie bereits verheiratet war, wußte sie um sich selbst Bescheid. Das war nicht Liebe, das war bloß Verliebtheit, das Wallen des Blutes ... ein Begehren des Körpers, dem man nicht nachgeben durfte, wenn man sich nicht selbst verlieren wollte. Die Frau hatte sich einer vertrauten Freundin offenbart, und die hatte sie ausgelacht. Sie sollte sich freuen, daß sie so kräftig empfinden könnte, das gäbe ein großes Glück. Darauf war die junge Frau rot geworden und hatte den Kopf geschüttelt. Das wäre ein Gefühl, das sie vor sich selbst erniedrigte.

Immer und immer wieder hatte Erika das Buch gelesen und über das merkwürdige Gefühl gegrübelt, das sie stets in Erwin Seiferts Nähe überfiel. Auch sie begann sich vor sich selbst zu schämen ... und zu fürchten. Seitdem war sie dem jungen Grünrock aus dem Wege gegangen, wie und wo sie konnte. Und wenn ein Zusammensein sich nicht vermeiden ließ, hatte sie ihn schroff abweisend behandelt, wie er es durch sein harmloses, freundliches Benehmen nicht verdiente. Daß er darüber sehr traurig war und selbst seine Versetzung in ein anderes Revier beantragt hatte, wußte sie nicht. Sie mußte annehmen, daß sie ihm gleichgültig wäre. Sonst hätte er sie doch wenigstens gefragt, weshalb sie ihn so schlecht behandelte.

Als er weggekommen war, hatte sie versucht, sich selbst zu prüfen. Sie wußte aus Romanen, die sie aus der Leihbibliothek bezog, daß die Liebe sich in heißer Sehnsucht kundgeben soll. War die in ihr vorhanden? Nein! Sie wußte aber nicht, daß es zu den schwersten Aufgaben gehört, sich selbst zu prüfen und über sich selbst die Wahrheit einzugestehen.

F. Skowronnek

„**arum bin ich nicht deine Frau?** Ist etwas an mir, daß ich es nicht sein könnte?"

Harro erschrak heftig: „Du hast doch die Gedanken nicht schon lange mit dir herumgetragen! Ich bitte dich, das wäre mir furchtbar. Meine Rose, meine arme Rose! Nein, es ist alles so einfach! Du bist noch zu jung, du sollst noch geschont werden. Wie lang ist's her, daß man dich dem Tod entrissen hat! Wie furchtbar, wenn ich dich gefährdete! Das Entsetzlichste wäre es mir. Ich kann es nicht. In manchen Dingen bin ich eine Memme. Was es mich gekostet hat, neben dir in Bordighera zu stehen, als du dalagst wie so ein armer, gequälter Schatten, das kannst du nicht ahnen! Und du wolltest ja nicht mehr in Brauneck bleiben, du hast mich doch gebeten. — Und so habe ich deinem Vater den Vorschlag gemacht, du solltest bei mir sein, wie das Seelchen bei mir gewesen wäre. Ich gab ihm mein Wort. Daß ich dir schwere Stunden damit bereite — "

„O Harro, ich muß mich schämen vor dir! O Harro, und ich bin so glücklich, und wie schäme ich mich. Und es ahnt mir, daß ich nicht einmal weiß, wie sehr ich mich schämen muß. Ich lebe von deiner Güte all die Zeit." —

Er hatte seinen Arm um sie gelegt und strich ihr sanft über ihre Haare.

„Du sollst glücklich sein, Rose. Und du gabst mir so viel. Wie kannst du wissen, Schwanenjungfrau, was wir Männer fühlen. Und du hast mir doch die höchsten Stunden meines Lebens geschenkt. Du hast mir ein Opfer gebracht. Ein Sturm der Seligkeit durchbrauste mich. Sieh, für die andern ist das Gesicht der Mensch, sie sehen vielleicht noch die Hände, den Rest besorgt die Schneiderin. Für mich hat die lieblich geneigte Schulter, der Bau deines Rückens, die wunderbare Linie von der Armhöhle über die sanftgeschwungene Hüfte herunter ebensoviel Ausdruck wie dein Gesicht. Ich habe es immer geahnt, daß du herrlich sein mußtest. Aber wie sehr deine Seele sich die Behausung gebaut und bewahrt hat, das habe ich nun erlebt. Du bist mir heilig geworden. Ich habe nun, wenn deine Süßigkeit nicht gar so gefährlich wurde — und du hattest plötzlich ein feines Gefühl bekommen, was du tun dürfest und was nicht —, ganz schön neben dir leben können. Ich habe Schöpferstunden genossen, als ich dich malte.

Und nun gräm dich kein bißchen mehr, Rose. Im Sommer feiern wir Hochzeit. Ja, mußt du denn deinen Kopf verstecken, kannst du mich gar nicht mehr ansehen ...?

Ein Fest wird es sein ... Ein Fest, in das kein Mensch hineinredet! Das Fest! Das Fest der Rose! Gegen das alle Feste nur ein Vorhof waren. Du hast ja deinen Schleier mitgenommen, Rosmarie, und einen Rosenkranz von weißen Kletterrosen von der Braunecker Schloßmauer wirst du tragen. Die sehen dir am ähnlichsten! Und ein Gewand von weißer Seide über deinen süßen Leib und goldene Schuhe, deine Freudenschuhe. Und es werden keine fremden Augen auf uns sehen. Und der Brunnen singt uns sein schönstes Lied. Warum redest du kein Sterbenswörtchen, Rose, meine weiße Rose?"

„Oh, ich liebe dich, ich liebe dich."

Harro erhob sich plötzlich und sagte leise:

„Du mußt mich nun gehen lassen, Rosmarie. Es ist noch lange bis zum Sommer. Einen Kuß noch, aber schnell! Ich muß gehen."

A. Günther

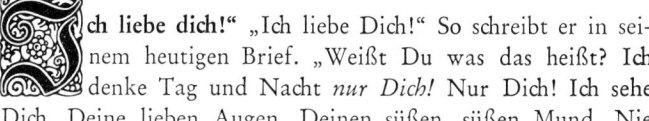ch liebe dich!" „Ich liebe Dich!" So schreibt er in seinem heutigen Brief. „Weißt Du was das heißt? Ich denke Tag und Nacht *nur Dich!* Nur Dich! Ich sehe Dich, Deine lieben Augen. Deinen süßen, süßen Mund. Nie werde ich satt werden, ihn zu küssen. Ich liebe alles, alles an Dir. Ich lieb Dich ganz so wie Du bist, und ich möchte Dich in nichts, aber auch in gar nichts anders als Du bist.

Barb, Du süßes, dunkles, keusches, deutsches Mädchen. Daß es so etwas noch gibt wie Dich? Jetzt noch gibt? Und daß *ich* es finden durfte? Tag und Nacht denke ich das! Du —! Es ist wohl mein Schicksal, das mich nach Schlettstadt führte? Barb! Meine süße, herbe, große, schöne Barb!

Weißt Du, daß ich die Hände ineinanderpresse und sie bittend in's Weite strecke, wenn ich so sehr, so innig Dein gedenke?

Und bist *Du* mir auch wirklich so gut? So gut wie Du schreibst? Ach Deine Briefe! Mädchen, diese Briefe mit den großen, lieben, selbstherrlichen Buchstaben, mit den schönen Gedanken, den guten klugen — die ich doch zuerst flüchtig durcheile, um unten am Ende zuerst zu lesen: ‚und so bin ich denn — *Deine* Barb.'

Und so bist Du denn meine Barb, meine Barb, meine schlanke, große, schöne, braune, gute, kluge, zärtliche, heiße, liebe, geliebte Barb. Du und ich! Ich und Du — die noch niemandes Barb war und die nun meine werden will, die meine ist.

Und niemand weiß es, soll es wissen. Du willst es, so soll es so sein, und Du hast recht, was geht es die Menschen an, daß wir zwei zusammengehören? Und daß wir zwei es wußten in der

43

ersten Stunde, ja in der ersten Minute unseres Beisammenseins? ,Und daß wir es so wollen — und alles dazu, was kommt, kommen muß?' So schreibst Du: ,Ich *will* Dich lieben mit all meinem *Willen* — wie ich ein guter Mensch werden will, mit all meiner Kraft!' Du Barb! In den altdeutschen Eheringen steht das ja. ,Mit Willen Dein Eigen!' Mit *Willen!*

Ach, daß Du schon mein Eigen wärst. Aber Du wirst es werden, das weiß ich fest. Für mich wurdest Du, für mich wuchsest Du her, in der Stille Deiner schönen kleinen Stadt. Noch muß ich Dich dort lassen, aber sobald ich es kann, und sobald der Krieg zu Ende ist, hole ich Dich, zu mir. Schön wird das werden, nicht zum Ausdenken schön."

Scheu fährt Barb an ihre Brust. Hier liegt der Brief —. Sie vermag nicht, sich von ihm zu trennen, und sie sieht den Mann, der sie liebt. Sieht er nicht aus wie der Reiter vom Bamberger Dom?

K. Tremel-Eggert

as silberne Petschaft leuchtete im Kerzenschimmer hell auf, und seine drei inhaltsschweren Worte erglitzerten Lotte Stein in ihren Tränen vielfach funkelnd:

Alles um *Liebe.*

Doch tut er meinem Erziehen nicht alles zuleide? — Zornig stieß sie das versiegelte Päckchen von sich.

Unterdes war der, dem all ihr Denken und Härmen galt, wie ein Verrückter wieder stadtwärts gerannt. Jetzt Wein her zum Sichtot-Trinken, Champagnerwein! Vielleicht war noch einer wach von den alten Kumpanen ... Er klinkte da und dort an einer Tür. Verschlossen und vergebens. Seid ihr Narren denn alle schon zur Hölle gefahren und habt mich hier unten allein gelassen? Ich pfeife auf den langweiligen Himmel — ich will meine Seele an die erstbeste Hexe verkuppeln! Er riß an den Türen. Eine tat sich auf, und ein Mädchen groß, schwarzhaarig, breithüftig - mit nachtdunkeln Augen wie Lotte Stein stand vor dem Verdutzten. Ein Götterbild, nie gesehen. „Herr Rat!" Ihre Stimme war weich und voll Staunen, warm wie eines lieben Vogels Sang.

Sie nahm seine vordrängende Hand und drückte sie herzhaft.

„Leise! Die Eltern schlafen schon." Zog ihn mit sich durch den dunklen Hausflur und tat eine Tür auf. Eine lichtlose düstre Stube. Er tappte hinter dem Mädchen drein und stieß an einen Stuhl.

„Still!" gebot sie flüsternd. Von Hand zu Hand spürte er ihr Erzittern.

„Herr Rat — lieber Herr Rat, daß Sie nun zu mir kommen — nach dem Geschenk damals — —" schmeichelte sie nahe an seinem Ohr.

Er hörte ihr Herz schlagen und verstand doch keines ihrer Worte. Nie hatte er dies schöne dunkelhaarige Mädchen gesehen, gesprochen, geschweige beschenkt. Wer war sie nur? Es roch nach frischem Brot und Semmeln im Haus — also ein Bäckerkind! So weich war ihre Haut und fest! Tastend ließ er seine Hände über ihre schwellenden Glieder gehen.

Da lag sie ihm am Hals und küßte ihn mit sehnenden Küssen. In all das Tuscheln, Tasten und Kosen glitt dann ein weiches und lockendes Leuchten, als das Mädchen ihn zur nahen Tür hinzog und seine Kammer auftat. Friedlich glomm der Wachsstock vom schlichten Tischlein an dem aufgeschlagenen blütenweißen Bett und übergoß die beiden mit seinem weichen Schein. Jetzt sah Goethe in wortlosem Staunen die Schönheit dieses Mädchens, ihr dunkles Haar, das blühende Antlitz auf dem schönen Halse und dem weichen weißen Nacken, der strahlend aus dem halbgelösten Kleide stieg. Sah ihren roten lockenden Mund mit den weißen Zähnen wie eine wunderfremde Blüte. Sich in ihre Schönheit zu versenken, stürzte er vor und umschlang sie, fand an ihrem Hals ein goldenes Kettchen blinken und ein Goldherzchen daran schweben ...

Lilis Herz! - Ihr neidischen Götter, seid gnädig, verscheucht mir den Spuk!

„Wie kamst du zu dem — — ?" knirschte er hervor und fühlte, wie ihn ein Strom von Scham und Schande übergoß.

„Ihr habt es mir doch selber — zugeworfen — — an einem Morgen — —." Sie senkte den flammenden Blick vor ihm.

„Oh — ich — —!" schrie er auf, schlug sich die geballten Fäuste vor die Stirn.

„Nicht doch — — — kommt doch, süßer Herr!" Sie umschlang ihn mit den Armen, umflocht ihn mit allen Gliedern und löschte ihren dürstenden Mund an dem seinen. Seine Worte erstickten sie wohl, ihre aufflammenden leidenschaftlichen Gluten vermochte sie ihm wohl mitzuteilen, daß er an allen Gliedern bebte und wild mit ihr an den engenden Kleidern riß. Aber seinen Gedanken konnte sie nicht befehlen, noch wehren, die liebessüchtige Bäckerstochter in Weimar. Die gingen pfeilschnell eine weite, weite Reise auf Frankfurt zu, waren bei den reichen Schönemanns und umkreisten Lili, die blonde, stolze schöne Lili. Einen anderen hatte sie genommen, ihr Liebesherz hing jetzt am Halse eines liebestollen Bäckermädels, das sich wohl den hochstehenden Galan mit dieser Nacht zur Ehe einfangen wollte. Er hatte schon in Lilis Armen vor dem Gedanken ans Heiraten gebebt, war dann von der Mutter unsanft abgeschoben worden — nun hier! Der Morgen würde den Duzbruder und Legationsrat des Herzogs — im Bette eines Bäckermädels finden —! Wer war man denn? Und dann — Lili! Welch ein Erwachen! —

„Kommt, süßer Rat!" bettelte die Schwarzgelockte, um den Vornamen des berühmten Hofmanns verlegen, der des Herzogs Duzbruder war und von dem es hieß, er habe so schöne Bücher geschrieben. Was war ihr das? Sie wollte nur ihn, ihn selber, denn sie liebte ihn bis zum Verbrennen.

„Geliebter — du —! Die Eltern schlafen fest vor Mitternacht..." Sie umstrickte, umrankte ihn noch mehr. Sein Gesicht lag auf ihrem wogenden Busen, wie wildes Feuer glühte Lilis Herz an seinem Munde, und er zerbiß es mit knirschenden Zähnen.

„Komm!" hauchte sie hingegeben.

Aus weiten Fernen, aus Lilis Armen rief ihn das Wort. Er schlug wild um sich, stürmende Gedanken, Spottgelächter der Hölle zu verjagen, sprach mit leisem Geflüster zu dem Mädchen endlos und drängend an ihrem Ohr, daß sie im Sichentkleiden jäh innehielt und ihn mit übergroßen erschreckten Augen ansah.

Was redete der Geliebte denn von Priesterinnen? Gar von einem Pastor? Wovor schreckte er? Sie wollte ihm doch so heimlich sich schenken, und morgen würde alles vergessen sein. Sie wollte auch ein — einmal nur glücklich sein mit einem so hohen Herrn und könnte sie's auch nie verwinden, daß er ihr am andern Tag schon fremd auf der Gasse begegnete. Sie wollte nur lieben und glücklich sein! Wer dachte denn an den Pastor? Andere Mädchen hatten auch schon so getan, sogar mit dem Herzog, und kein Pastor ward deshalb behelligt. Oh, was war dies denn für ein frauenzimmerlicher Mann! Einen Heiligen nannte er sich — sie hatte es deutlich gehört. Und eine Versuchung hieß er die Stunde. Was ein Hofkavalier?! Wieder das Wort „Priesterin" —! Seltsam — und von Arbeit, heiliger Arbeit sprach er — jetzt? Die begann morgen mit dem neuen Tage wieder und war wie alle Tage grau, wenn nicht immer das Freuen, das herrlich heimliche Sichfreuen auf die Nacht und auf diese Stunde gewesen wäre. Sah denn die Erfüllung so aus? — Von der Faust sprach er — und vom Verfluchtsein.

Das Locken und Lächeln erstarb ihren Lippen und Zügen, als sie ihn jäh — anstatt in ihre weitoffenen Arme zu sinken, mit flatternden Kleidern aus der kerzenschimmernden Mädchenkammer stürmen sah. Dumpf fiel die schwere Außentür ins Schloß. Und bitter aufweinend sank das schöne Mädchen entkleidet auf sein unberührtes Bett, krallte die Nägel in grenzenlosem Weinen um die fühllosen Kissen. Die Eltern schliefen fest vor Mitternacht . . .

P. Burg

Sold wie sein Name war Hölderlin und hell wie Apoll der Jüngling aus Schwaben, der bei dem Kaufmann Gontard in Frankfurt Hauslehrer wurde; schön war Susette, die sittige Hausfrau, edel an Geist und Gestalt und aller Sehnsucht Vollendung: der helle Gott fand die Göttin.

Die aber in göttlicher Ferne ihm vorbestimmt war, stand in der irdischen Nähe durch Pflicht und Neigung dem Kreis verbunden, darin sie die Hausfrau und Mutter und für den armen Lehrer aus Schwaben die reiche Herrin vorstellte.

Sie sah das Licht der eigenen Ferne in seinen Augen gespiegelt, sie hörte den Klang seiner Stimme, wie ein Wanderer die Glokken der Heimat vernimmt, sie ging den Wolkenweg seiner Gedanken Hand in Hand; Schwester und Mutter war sie dem Jüngling, aber sie ließ seine Leidenschaft nicht über die Schwelle des Hauses, darin sie die Frau war.

Ihn hatten, vaterlos, zärtliche Frauen erzogen, er wußte den Schritt nach der Sitte frei zu bemessen; so trat er nicht fehl, und ehe die Fäden der Schuld ihm die Füße verstrickten, verließ er die Nähe.

Der Hauslehrer ging nach Schwaben zurück, die Hausfrau blieb in der Pflicht ihrer Tage; kein Schatten fiel auf den irdischen Weg, die lohende Flamme stand auf dem Altar der Liebe im Tempel der hohen Herkunft behütet.

Diotima hieß er die Schwester und reine Geliebte im Glück seiner stolzen Gedichte, ein Stirnband aus Sternen band er der Göttin ins Haar, und keusch verhüllt war die Herrlichkeit ihrer Glieder.

Wohl gab der Schmerz des Abschiedes seine Schatten her, ihr Bild zu verdunkeln; aber das Licht ewiger Fernen erhellte die Schatten, daß auch der Schmerz ihre Schönheit bediente.

Die Ewigkeit war im Wandel der Sinne verhüllt, und der Schmerz war ihr tiefes Geheimnis; Herkunft und Hingang der Seele bedeckten die Wolken des Tages, über den Wolken stand die Heimat der Götter in ewiger Bläue.

Der so mit Sternen sein Götterbild kränzte, der hell wie Apoll seinen Schmerz in den Abgrund versenkte, der ein Sendling der göttlichen Wiederkunft war, indessen die hohen Gestalten in Jena frei durch die Wirklichkeit schritten, mußte sein Dasein anders als irdisch vollenden.

Fern seiner schwäbischen Heimat, im hitzigen Süden von Frankreich, wo er zum andernmal Hauslehrer wurde, fiel das Geschick über Hölderlin her wie ein Geier, gesandt von den Göttern.

Sein Geist, längst aller Tätigkeit fern, wurde mit in die Lüfte gerissen; seine Seele, der Schwingen beraubt, blieb im Gehäus des irdischen Leibes.

Ein Frühsommertag hing seine schimmernde Wolkenlast über das schwäbische Land, als Hölderlin heimkam, braun von der glühenden Sonne, einem Landstreicher gleich in zerrissenen Kleidern, im Schoß der Mutter sein Leid auszuweinen.

In Frankfurt sank zur selben Zeit Susette, die sittige Hausfrau, dem frühen Tod in die Arme: Diotima, die Schwester und reine Geliebte, kehrte zurück in die Ferne, indessen der Dichter, im Wahnsinn der Nähe gefesselt, noch vierzig Jahre zubrachte.

Ein letzter Sendling der Götter hatte der Erde sein Opfer gebracht; seine Gesänge blieben im Dasein der Deutschen, als ob ein Harfenlied fremd im Tageslärm klänge, als ob das Geheimnis der Wehmut selber den göttlichen Ursprung besänge.

W. Schäfer

Als sie am Abend mit Gudula zum Strand fuhr, machte sie in der Nähe einer Mole halt, die im spitzen Winkel ins Meer hinauslief und während der Flut überspült wurde. Sie gedachte weit auf ihr entlang zu gehen, um so nahe wie möglich zu der Unendlichkeit vorzudringen. Gudula ließ sie am Wagen zurück, fand sich aber, als sie draußen auf der Mole stand, nicht eben weit von ihr, da nur eine schmale Wasserzunge, die zwischen der Mole und dem dahinterliegenden Strand hereindrang, sie trennte. Wie am Tag zuvor streifte sie Schuh und Strümpfe ab und ließ sich, die Mole im Rücken, an der nach dem Meere offenen Seite auf dem Strand nieder, der hier angeweht war.

Der leichte Wellengang, hier etwas dreister, bespülte und berauschte sie; ihr Blick versenkte sich weit hinaus ins Ferne, Sehnsüchtige; die Welt war hinter ihr verschlossen und sie in unendlicher Weite allein, als plötzlich das Meer beim Küssen ihrer Füße sich veränderte und in eine unheimliche Erregung geriet. Der leise Schlag der Wellen setzte aus; einen Augenblick verharrte die Flut unschlüssig und erstarrt. Dann lief ein Schillern über die Fläche, ein wildes Zittern befiel das Wasser, und vor den entsetzten Augen Demeters stand mitten aus der Flut, weit draußen, eine furchtbare Welle auf, hoch und breit, von Schaum gekrönt und lief mit dunklen ausgespannten Flügeln geradewegs auf sie zu. Demeter faßte sie in ihren staunenden Blick, ihr Mund stand offen, ihre Finger umkrallten rückwärts greifend erstarrend die rundlichen Steine des Bollwerks. Da stand die Welle vor ihr: hoch aufgereckt. Gudula schrie vom Strande; aber der Schrei verhallte. Die Mole erzitterte, als die Welle am Fuße aufsetzte und mit einem Schwunge die Böschung hinaufsprang. Demeters Hände wurden von den Steinen los über

49

ihren Kopf gerissen, ihr Gewand zerriß in zwei Hälften von oben bis unten, ihr Rücken und Haupt schlugen hart auf den gemauerten Wall. Die Welle ergoß sich, durchdrang, durchfeuchtete, durchblutete sie. Sie rauschte sich in ihre Sinne, packte, erstickte, erwürgte sie. Sie schlug sich in ihren Leib wie mit Fängen und hielt ihn hingestreckt, gefesselt, aufgegeben.

Als das Wasser zurücksank war es, als ob ein Abgrund ihm nachrollte. Aber die Welle kam noch einmal, gesänftigt, mit dem gelasseneren Atem des Meeres zurück. In einer langen zärtlichen Bewegung faßte sie die auf die Mole Gekreuzigte, hob sie auf und trug sie sanft über den Steindamm hinweg zu dem vor der Flut gesicherten Strand. Dort auf gefeuchtetem Sand weich gebettet verließ sie die Welle.

Demeter lag reglos, ihrer Sinne nicht mächtig, mit geschlossenen Augen. Gudula, unvermutet durch den Vorgang in die Nähe ihrer Herrin gelangt, schlich zagend hinzu, sah mit einem Blick, daß sie unverletzt war, und bemühte sich um sie. Da richtete sich Demeter langsam halb auf, stützte ihre Hände in den Sand und forschte nach dem Meere hinaus.

„Du hast alles gesehen?" fragte sie matt.

„Alles", sagte Gudula leise.

Demeter faßte ihre Hand, an der sie sich langsam erhob. „Dann wirst du schweigen", gebot sie und schritt schweren Ganges der Düne und dem Wagen zu.

R. G. Binding

 raußen über die Felder her sauste der Tauwind, der in der hereingebrochenen Nacht allmählich zum Sturm anwuchs; er zerwühlte das unbedeckte Haar der Dahinschreitenden, aber ihr Gesicht badete er gleichsam in weichen, feuchten, schmeichelnden Wogen.

Es war sehr dunkel; auch nicht das kleinste Sternenlicht blinzelte der Erde zu; der Himmel hing voll schwerer, tiefgehender Wolken, die jedenfalls noch in dieser Nacht als warmer Regen niederrieselten. Dann war allerdings die Spannung gelöst, und es tropften wohltätige Tränen von Ast und Zweig und nahmen der Mutter Erde den weißen Totenschleier vom Gesicht. Ja, wer sich ausweinen konnte! Aber so mit trockenen, brennenden Augen in ein Leben voll unausgesprochener Schmerzen hineinsehen zu müssen!

Wo hinaus sie wollte? Immer dem Lichte nach, dem verderblichen Lichte, das dem Nachtfalter die Flügel verbrennt und ihn tötet! Und wenn ihr dort aus den Fenstern lodernde Flammen entgegengeschlagen wären, sie hätte den Fuß nicht rückwärts zu wenden vermocht! Weiter, weiter, selbst in den Tod hinein, wenn es sein mußte!

Sie lief mehr als sie ging den festgetretenen Weg entlang, der das Ackerland durchschnitt. Noch knirschte der Schnee unter ihren Füßen; das war bisher der einzige Laut gewesen, der die Nachtstille unterbrochen; aber nun, nachdem die Chaussee überschritten war und das weite Parterre des Prinzenhofgartens sich vor ihr hinbreitete, trug ihr der Wind rauschende Akkorde zu. Im Schlosse wurde Klavier gespielt. Da saß die Braut am Flügel — keine zarte heilige Cäcilie mit durchgeistigtem Gesicht, weit eher eine Rubensgestalt von üppiger Fülle und blühendstem Inkarnat — das volle Blondhaar glitzerte im Lichte der Kronleuchter, und die schöngebogenen Finger glitten über die Tasten — aber nein, unter *ihren* Fingern erbrauste das Instrument nicht in so erschütternd beseelter Weise, Heloise von Taubeneck spielte stümperhaft und geistlos, wie sie neulich zur Genüge gezeigt hatte! — Aber wer es auch sein mochte, der da spielte, er hatte Teil an der Feier, die man heute beging — ein wahrer Sturm von Jubel und Begeisterung brauste durch den Vortrag.

Vor der Nordfront des Schlößchens breitete sich ein mächtiger Lichtschein hin. Der weite, im Sommer von buntfarbigen Blumengruppen unterbrochene Rasengrund lag fleckenlos weiß, ein einziges glitzerndes Schneefeld, hinter dem Rankrosenspalier, das ihn von dem dicht an die Hausmauer stoßenden Kiesplatz schied. Dieser Platz war ziemlich von Schnee gesäubert, nur eine dünne, festgetretene Schicht lag auf den Kieseln.

Margarete war bis hierher gekommen, ohne irgendwie durch Menschennähe erschreckt zu werden. Nun mäßigte sie ihren Laufschritt und ging unter den Fenstern hin. Was sie hier wollte? Sie wußte es selbst kaum — eine geheimnisvolle, furchtbare Gewalt trieb sie wie der Sturm in den Lüften vor sich her; sie *mußte* laufen und sehen und wußte doch, daß gerade der Anblick der Glücklichen ihr wie Dolchstiche das Herz zerfleischen mußte.

In dem Salon, wo der Flügel stand, waren die weißen Rollvorhänge herabgelassen; kein Schatten einer menschlichen Gestalt bewegte sich hinter dem transparenten Gewebe, man lauschte, wie es schien, regungslos dem meisterlichen Spiele. Dagegen waren die drei Fenster des anstoßenden Zimmers, in dessen Nähe das junge Mädchen stehengeblieben war, nicht verhüllt. Das Licht des Kronleuchters floß in grellem Glanze durch die Scheiben und auf die Fürstenbilder, die im Hintergrunde des Zimmers von der Wand herabsahen. Das war der Speisesaal; hier hatte das Verlobungsdiner stattgefunden; zwei Lakaien waren beschäftigt, die Tafel abzuräumen; sie hielten die angebrochenen Flaschen gegen das Licht und tranken die Reste aus den Weingläsern.

Die Schlußakkorde des Musikstückes waren längst verhallt, und noch stand Margarete neben einer der niederen Kugelakazien, welche da und dort das Rankrosenspalier unterbrachen. Der Wind warf ihr das Haar von Stirn und Schläfen zurück und stäubte die gelockerten Schneereste von dem dürren Gezweig des Bäumchens über sie her. Sie fühlte es nicht. Ihr Herz hämmerte in der Brust, mühsam rang sie nach Atem, während ihre heißen Augen unablässig über alle unverhüllten Fenster irrten — einmal mußten sich die Glücklichen doch zeigen. Oh, der Törin, die in Wind und Wetter harrte und aushielt, um einen tödlichen Streich zu empfangen! — Da wurde plötzlich eine Tür, ziemlich am Ende der Hausfront, geöffnet. Aus einem schwach beleuchteten Entree trat ein Mann und stieg die niedere Freitreppe herab, während die Türe hinter ihm wieder geschlossen wurde.

Einen Augenblick stand die Lauscherin wie gelähmt vor Schrecken. Das Rosenspalier hinderte sie, über den Rasengrund in die Dunkelheit des freien Feldes hinaus zu flüchten, und vor ihr lag der lange, fast tageshell beleuchtete Kiesplatz. Aber da gab es kein Besinnen, gesehen wurde sie, und nur ihre flinken Füße konnten sie vor einer unausbleiblichen Demütigung retten. So floh sie wie gejagt den Kiesplatz entlang und über die Auffahrt vor dem westlichen Portal des Schlößchens hinaus ins Freie.

Hier packte sie der Wind; er trieb sie vor sich her wie eine Schneeflocke und erleichterte ihr die Flucht; allein weder er, noch ihr eigenes Dahinfliegen konnten ihr helfen — die Männerschritte, die sie verfolgten, kamen näher und näher. Der Weg war glatt und schlüpfrig geworden, sie glitt plötzlich aus und sank auf ein Knie nieder — in diesem Moment eines namenlosen Entsetzens umfaßte sie ein kräftiger Arm und hob sie empor.

„Spottdrossel, hab' ich dich?" rief Herbert und schlang auch den anderen Arm um das atemlose, an allen Gliedern bebende Mädchen. „Nun sieh, wie du wieder frei wirst! Mit meinem Willen niemals! Der ‚Spottvogel', der mir unbesonnen ins Garn geflogen ist, gehört mir von Gott und Rechts wegen! Bist du's wirklich, Margarete? — Ah, ‚sie ist gekommen in Sturm und Regen'!" rezitierte er, und verhaltener Jubel durchbebte seine Stimme. Sie strebte vergebens, sich loszuwinden, er umschloß sie desto fester. „O Gott, ich wollte —"

„Ich weiß, was du wolltest", unterbrach er die fast weinend hervorgestoßenen Worte. „Du wolltest die erste sein, die dem Onkel gratulierte! Deshalb bist du durch Sturm und Wetter über weite, öde Felder gelaufen, hast vor lauter Eifer vergessen, eine warme Hülle über deinen Tollkopf zu werfen, und bei alledem hast du dich rettungslos verflogen und wirst obendrein deine Glückwünsche nicht los werden, es sei denn, daß wir umkehrten und dem Prinzen Albert von X und seiner Braut unsere Aufwartung machten. Aber du wirst einsehen, daß dein windzerzauster Lockenkopf in diesem Augenblick nicht gerade salonfähig ist."

Jetzt hatte sie sich losgerissen. „Dein Glück macht dich übermütig!" stieß sie in schmerzlichem Zorn hervor. „Das ist ein grausamer Schmerz!"

„Ruhig, Margarete!" mahnte er mit sanftem Ernst, indem er sie wieder an sich zog und ihre widerstrebende Hand fest in seine Linke nahm. „Ich scherze nicht. Fräulein von Taubeneck ist nach längerem Hoffen und Harren endlich mit hoher landesherrlicher Bewilligung die Braut des Prinzen von X geworden; und jetzt darf es ja ausgesprochen werden, daß ich in dieser Angelegenheit der Vermittler gewesen bin. Die rote Kamelie, mit welcher ich neulich dekoriert wurde, war ein Dankesausdruck für meine sieggekrönten Bemühungen . . . Darin also hast du schwer geirrt. Dagegen muß ich dir nach einer anderen Seite hin recht geben. Ich bin wirklich übermütig! Ich triumphiere! Ist mir nicht mein

Glück von selbst in die Arme gelaufen? Ja, du bist nicht gekommen ‚in Sturm und Regen', getrieben von böser Eifersucht, die ich längst in deinem Herzen gelesen habe? Denn du bist und bleibst die Grete, deren gerades, offenes Wesen keine Weltpolitur hat schädigen können. Nun leugne noch, wenn du kannst, daß du mich liebst —"

„Ich leugne nicht, Herbert!"

„Gott sei Dank, er ist begraben, der alte Onkel! Und du bist fortan nicht meine Nichte, sondern —"

„Deine Grete —" sagte sie mit schwacher Stimme, von dem jähen Wechsel zwischen Glück und Leid völlig überwältigt.

„Meine Grete, meine Braut!" ergänzte er mit sieghaftem Nachdruck. „Nun wirst du auch wissen, weshalb ich es abgelehnt habe, dein Vormund zu werden."

E. Marlitt

Der Ehe Band

ena Warnstetten stand bleich und zitternd vor ihrem Vater und starrte ihn mit entsetzten Augen an. War es Wirklichkeit, was sie eben durchlebte? Hatte sie recht gehört? Sie sollte einen Mann heiraten, um ihre Familie vor Schande zu bewahren, sollte sich opfern, weil der eigene Vater in roher Genußsucht das Vermögen vergeudet, Warnstetten heruntergebracht und selbst seine Ehre in den Staub getreten hatte?

„Ich kann nicht, Vater, ich kann nicht", stammelte sie mit blassen Lippen.

Herr von Warnstetten sah sie mit finsterem Blick an. „Du mußt! Nur du allein kannst uns retten, hörst du! Denke an deine Mutter — an deinen Bruder, — die liebst du doch so innig! Von mir will ich nicht reden, — für mich sollst du es nicht tun, — nur für die, die du liebst!"

Sie fuhr auf. Ein düsterer Blick lag in ihren Augen. Nie hatte sie von ihrem Vater Liebe erfahren, nur immer Spott und Hohn, weil sie anders geartet war wie er, weil sie mit schwärmerischer Liebe an der Mutter hing. Die Mutter! Lena schauderte zusammen. Augenblicklich lag sie wohl still und bleich unter dem Messer des Operateurs. Wer konnte wissen, ob sie die schwere, schmerzreiche Operation überstand? Und gerade jetzt, da die Teure abwesend war, da sie in der Klinik des berühmten Professors sich der Entscheidung über Leben und Tod unterwarf, — jetzt kam der Vater zu ihr mit dieser Eröffnung! Daß es schlecht um Warnstetten stand, wußte sie längst. Sie wußte auch, daß es nur durch die Schuld des Vaters so weit gekommen war. Mit sehenden Augen hatte sie in dem Verfall gestanden. Sie wußte, daß der Vater die Mutter nur des Geldes wegen geheiratet hatte. Er hatte ihr Vermögen verpraßt, wie zuvor das seine. Die zarte, blasse Frau, ihre angebetete Mutter, hatte ein furchtbares Martyrium ertragen an der Seite des Vaters. Schon längst wäre es für sie notwendig gewesen, eine eingreifende Kur gegen ihr langjähriges Leiden zu gebrauchen. Aber dazu war nie Geld vor handen. Geld wurde in Warnstetten nur flüssig gemacht, wenn der Vater eine seiner Vergnügungsreisen nach Berlin unternahm. Für teure Weine und Zigarren war immer noch Geld vorhanden gewesen — aber nie für die arme, liebe Mutter. Und nun — da es um Leben und Tod ging, nun sie fort mußte, wenn es nicht zu spät sein sollte, — nun sagte ihr der Vater: „Ich habe etwas Unehrenhaftes tun müssen, um dies Geld für die Operation deiner Mutter zu schaffen, und wenn du Franz von Borkenhagens Gattin nicht wirst, geht ihr als Bettler von Warnstetten, und ich ins Gefängnis."

Lena wußte, daß es Lüge war. Nicht für die Mutter hatte der Vater seine Ehre und alles andere dahingegeben, sondern nur für seine eigenen Gelüste und Begierden. Sie wußte, daß die Operation der Mutter und ihr Aufenthalt in der Klinik noch gar nicht bezahlt, und daß dazu überhaupt kein Geld mehr vorhanden war. Alles hatte der Vater für sich verbraucht, kaum, daß er dem Bruder die schmale Zulage zukommen ließ, die er brauchte, um sich beim Regiment zu halten. In Warnstetten war alles schon verpfändet, der Wald, die Ernte auf dem Halm — alles. Sie und die Mutter schafften von früh bis spät, sie trugen selbstgefertigte Kleider aus schlichten Wollstoffen und sparten jeden Pfennig. Aber der Vater trank heute noch französischen Sekt, ließ sich Austern und teure Zigarren kommen und kümmerte sich kaum um die Wirtschaft.

Und nun sollte sie sich zum Opfer bringen, sollte, mit der Liebe zu einem anderen im Herzen, die Gattin des reichen Franz von Borkenhagen werden, der sie schon lange mit seinem Werben verfolgte? Ach — nur das nicht!

„Nun — entschließe dich!" drängte der Vater mit unruhig flakkernden Augen.

Sie ließ sich kraftlos in einen Stuhl fallen. Was sie vernommen, hatte ihre Kraft gebrochen. Durfte sie an sich denken, wenn alles um sie her in Trümmer ging? Ihr Vater ein Ehrloser, ihr Name gebrandmarkt, des Bruders Leben zerstört und das der geliebten Mutter doppelt gefährdet! Und in ihre Hand war es gegeben, dies alles zu verhüten. Aber um welchen Preis?

H. Courths-Mahler

ore stand in dem kleinen überheizten Salon ihrer Eltern im Brautkleide. Sie waren schon alle in die Kirche gefahren, nur Käthe und eine Freundin warteten mit ihr auf den Bräutigam. Käthe hatte ihre Schwester nicht aus den Augen gelassen heute; Lore sah so merkwürdig aus unter dem weißen Tüllschleier und dem grünen Kranz; sie war so erschreckend mager geworden, das Gesicht so schmal in den paar Wochen ihres Brautstandes. Sie stand da wie eine Statue und sah auf den kleinen Kachelofen, als läse sie dort etwas, was ihr ganzes Interesse in Anspruch nähme. „Wenn noch Wunder geschehen könnten", dachte sie, und ihre Finger schlangen sich plötzlich ineinander um den Stiel des Orangenblütenbouquets. „Gott im Himmel, vergib mir die Sünde, daß ich den andern nicht vergessen kann, daß mein Herz stärker ist als mein Wille!" — Das war ihr Brautgebet. —

Ach, der Wille war da. — Sie hatte alle Nächte hindurch darum geweint, sie hatte redlich mit sich gekämpft. Sie hatte um eine barmherzige Krankheit gebetet, um einen Aufschub der Hochzeit zu gewinnen, sie hatte den Tod erfleht, aber die Krankheit war nicht gekommen und sie lebte noch, erlebte diesen Tag, und die Kirchenglocken läuteten zu *ihrer* Hochzeit!

Eben fuhr der Wagen des Bräutigams vor, hinter ihm der für die Brautjungfern bestimmte, und gleich darauf trat Becker ein. Lore sah nicht auf von ihrem Strauß, ganz mechanisch nahm sie seinen Arm und ließ sich hinausführen. Vor der Haustür stand eine Menge neugieriger Menschen, und aus allen Fenstern lugten Köpfe, um die Braut zu sehen. Nun saß sie im Wagen, der Diener legte die Schleppe des einfachen weißen Seidenkleides hinein, und in schwindelndem Tempo ging es der Kirche zu. Auch hier der weite Raum gedrängt voll Menschen. Am Altare warteten die Hochzeitsgäste. Lore streifte, als sie die Altarstufen emporschritt, des Vaters Gesicht, der im Rollstuhl saß; dem alten Manne liefen die Tränen über die Wangen. „Um deinetwillen!" sagte sie leise.

Sie suchte auch das Auge der Mutter, aber die hielt die Wimpern gesenkt; eine fahle Blässe lag über ihren Zügen. Käthe lächelte ihrer Schwester zu; sie sah überraschend damenhaft aus in dem blaßgelben Kaschmirkleid und dem brennend roten Nelkenkranz im dunklen Gelock. Es war eine stattliche Hochzeitsgesellschaft, viele Uniformen und viele reiche Toiletten, alle überstrahlt von Frau Elfriede Becker, welche sämtliche Brillanten, die sie besaß, auf der bordeauxroten Moirérobe verwandt hatte. Auch Lores Bruder mit seiner Frau und die ältere Schwester mit ihrem „ewigen Bräutigam" waren zugegen. Beckers hatten es gewünscht, daß die Feier so prächtig wie möglich stattfinden sollte. Nein, es geschah kein Wunder! —

Der Prediger begann zu sprechen; an ihr Ohr schlugen die Worte: Treue — Pflicht — Duldsamkeit —; ihre verwirrten Gedanken vermochten nicht dem Gang der Rede zu folgen. Sie fand sich auf einmal niedergekniet und ihre Hand lag in einer heißen Männerhand, die ebenfalls zitterte; sie fühlte einen Ring am Finger und sie sprach ein „Ja!" aus, das ihr der Prediger vorgesagt hatte; und dann senkte sie den Kopf tiefer, als müsse jetzt das schöne alte Tonnengewölbe mit seinen goldenen Sternen über ihr zusammenstürzen, weil sie den Mut gehabt, an dieser Stätte zu *lügen*.

Sie stand wieder aufrecht. Die Orgel brauste: „Unsern Eingang segne Gott", sang die Gemeinde, und plötzlich wurde es ruhig in ihr. Es war so ein merkwürdiges Gefühl, als sie an seinem Arm durch den blumenbestreuten Mittelweg der Kirche schritt, an all den gaffenden Leuten vorbei. — Alles vorüber — sie war des *anderen* Frau; sie wollte, ja sie wollte ihre Pflicht tun, sie durfte mit keinem einzigen Gedanken von diesem Wege abschweifen, und Gott würde ihr helfen dazu.

Nun fuhr der Wagen mit ihr nach der neuen Heimat. Als sie sich dem Schönbergschen Hause näherten, legte sie sich unwillkürlich etwas zurück, und jetzt sprach auch der Mann neben ihr die ersten Worte nach dem „Ja!" vor dem Altar, indem er zu dem Giebelfenster hinaufdeutete: „Der ist der einzige, der mir einen Korb gab zu unsrer Hochzeit, Lore; na, man darf es ihm wohl nicht übelnehmen, he? Er mag sich unangenehm überflüssig heute vorkommen?"

„Wer?" fragte sie mit zitternden Lippen.

Er zupfte sie lächelnd an dem kleinen Ohr, das zartrosig unter dem bräutlichen Schleier leuchtete, und als sie ungestüm den Kopf zur Seite bog, begannen seine Augen sich zu verändern; es lag plötzlich etwas Gehässiges darin, das seltsam abstach von den noch immer lächelnden Mienen. „Kleine Heuchlerin", flüsterte er, indem er gewaltsam ihre Hand festhielt, „denkst du denn, man kennt deine Geheimnisse nicht?"

Die Röte, die eben noch ihr Gesicht gefärbt, wich einer tiefen Blässe, und ihre Augen sahen ihn erschreckt an. Wie? Er *kannte* ihr Geheimnis und doch saß er neben ihr? — „Was meinen Sie?" stammelte sie, und der Herzschlag stockte ihr fast.

„Na, na, mein Schatz — Mädchenlieben! Für gewöhnlich habt ihr ein Dutzend auf Lager. Aber bitte, mach dich nicht lächerlich; du wirst dich entschließen müssen, ‚du' zu mir zu sagen; und ferner — stecke nicht auch heute wieder das beliebte kalte Gesicht auf, mit dem du dich als Braut zu zeigen geruhtest, die Leute möchten sonst glauben, wir seien unglücklich verheiratet!" Er lachte laut über seinen Witz und bot ihr die Hand zum Aussteigen.

Das war sein Gruß als Gatte! — Sie schämte sich, als habe sie einen Schlag ins Gesicht erhalten.

W. Heimburg

ie Trauung fand in der kleinen Hüttenfelder Kirche statt, die Ollys Vater für seine Arbeiter hatte bauen lassen. Graf Harald erschien erst am Vorabend der Hochzeit. Zur Trauung trug er zum letzten Male seine Offiziersuniform. Sein Abschied war inzwischen bewilligt worden.

Olly war in diesen beiden Tagen inmitten ihrer Gäste gar nicht sie selbst. Sie kam kaum zur Besinnung und erschien sich selbst wie ein Automat, der aufgezogen war.

Während der Trauung in der Kirche hatte sie das Gefühl, als stände statt ihrer eine fremde Person neben Graf Harald am Altar. Sie hörte kein Wort von dem, was der Pastor sagte, wenigstens fand keines Einlaß in ihre Gedankenwelt. Mechanisch sprach sie das bindende Ja. Es war nur ein Gefühl in ihr, als sei sie krank, als müsse jeden Augenblick der Boden unter ihren Füßen weichen.

Sie ließ sich von ihrer Schwiegermutter und Baron Senden umarmen, nachdem sie ihr Bruder, der sie unruhig forschend betrachtet hatte, herzlich umarmt hatte. Sie faßte Gildas Hand, die selbst so bleich und geistesabwesend war wie die Braut, und lächelte seelenlos zu den Glückwünschen der Hochzeitsgäste. Und dabei dachte sie mit einem kalten, bewußtlosen Interesse: „Wie lange werde ich mich noch aufrechthalten können? Ich habe ja keinen festen Boden mehr unter den Füßen."

Dann tauchte in der Menge der Glückwünschenden ein blasses, ernstes Männergesicht auf. Dr. Valberg stand vor ihr. Da durchzuckte es ihren Körper wie ein elektrischer Schlag.

Valberg neigte sich über ihre Hand. Sie fühlte seine heißen Lippen mit einem brennenden Druck auf ihrer Hand und hörte seine Stimme rauh und unsicher sagen: „Gott schenke Ihnen Glück, Frau Gräfin — ein reines, *volles* Glück."

Da schrak sie auf aus dem Banne, der auf ihr lastete und sie nicht zur Klarheit hatte kommen lassen. Er fiel plötzlich von ihr ab. Valberg richtete sich auf und sah sie an mit einem einzigen, wehen Blick. Aber dieser Blick riß jäh einen Schleier von ihrer Seele und machte sie sehend. Wie ein Blitz fuhr die Erkenntnis durch die Seele: „Du liebst ihn — und du wirst von ihm geliebt!" Das kam so stark und plötzlich über sie, daß sie haltlos taumelte. Sie hatte die Macht über ihren Körper verloren; doch ihr Geist war wach und klar. Sicher wäre sie zu Boden gesunken, wenn sie Valberg nicht schnell umfaßt und gehalten hätte.

Einen Moment ruhte sie an seinem Herzen. Es schlug laut und stark gegen das ihre. Sie fühlte es und erschauerte. Und sie sah zu ihm auf wie eine Verzweifelnde. Ihre Augen baten ihn: „Verzeihe mir — ich wußte nicht, was ich tat! Warum ließest du mich diesen Weg gehen, ohne mich zu wecken?"

Er verstand sie, ohne daß sie ein Wort sagte. „Zu spät", stieß er heiser zwischen den Zähnen hervor, die sich wie im Krampf aufeinanderpreßten.

Da schwanden ihr die Sinne.

Zugleich wurde ihr Gatte auf sie aufmerksam, der seine Mutter umarmt hatte. Die Hochzeitsgäste umringten die ohnmächtige junge Gräfin.

„Was ist geschehen?" fragten sie erschrocken, als sie Olly in Valbergs Armen sahen, bleich und bewußtlos.

„Frau Gräfin ist unwohl geworden", sagte Valberg hart und laut, als müsse er seine eigene Angst übertönen. Er war so bleich wie die Ohnmächtige selbst. Doch schon kam Olly wieder zu sich.

Nur einen Moment hatte sie das Bewußtsein verloren. Sie fühlte, daß der Arm zitterte, in dem sie ruhte. Da richtete sie sich, alle Kraft zusammenraffend, empor — und lächelte.

„Es ist nichts, Herrschaften — ein leichter Schwindel — die Luft ist hier so dumpf. — Ich bin schon wieder ganz wohl."

Es war eine fremde, tonlose Stimme, mit der sie das sagte. Sie vermied es, Valberg anzusehen. Sie nahm den Arm ihres Gatten, der sich besorgt über sie neigte.

„Bitte, führe mich hinaus ins Freie!" hauchte sie.

Ohne Valberg noch einmal anzusehen, ging sie langsam hinaus. Die Hochzeitsgäste folgten. Nur Valberg blieb in der Kirche zurück, bis sie leer war.

Er lehnte sich an einen Pfeiler und biß die Zähne zusammen. So starrte er eine Weile vor sich hin.

Und als er endlich wieder zu sich kam, brach es noch einmal wie ein heiserer Laut über seine Lippen: „Zu spät!"

Ja, zu spät hatte Olly erkannt, was in ihrem Herzen lebendig geworden war, seit sie Georg Valberg kennengelernt hatte. Und zu spät hatte auch er erkannt, daß sie ihn liebte wie er sie, daß er sie hätte erringen können, wenn er nur ernstlich gewollt hätte, er, der Arbeitersohn, das feine, zarte Herrenkind.

Ihm war, als müsse er jetzt noch dem Hochzeitszuge nachstürzen und die blasse Braut vom Arme des Gatten reißen — in seine Arme. Aber seine Füße lösten sich nur schwer vom Boden.

„Zu spät!"

H. Courths-Mahler

ie man mich quält, dachte Erdmuthe. Aber sie war ganz altmodisch erzogen und wußte, daß man seinem angetrauten Ehemann alles sagen müßte, was irgendwie entscheidend in das eigene Leben trat.

„Und wie trenntet ihr euch?" fragte Twieler unbarmherzig weiter.

„Frau von Hillich schickte ihn fort und ich wurde ohnmächtig", bekannte Erdmuthe. Twieler sprang auf. „Was für eine verrückte Angelegenheit! Wurdest du ohnmächtig, weil man ihn fortschickte?"

„Nein, schon vorher."

Twieler sah, daß Erdmuthe am Umsinken war, und das brachte ihn sehr auf. „So sprich doch" — fuhr er sie ungeduldig an. „Erzähle mir alles!"

„Ja, wenn du nicht zornig und nervös bist, tue ich das auch, Lothar. Aber du mußt dran denken, daß ich immer ohne Eltern und ganz selbständig war. Ich lasse mich so sehr schwer kommandieren. Sieh, er sagte mir, als wir allein im Zimmer waren, daß er mich liebt, und daß er immer auf mich gewartet hätte. Da wurde ich ohnmächtig."

„Warum?"

„Weil es ja zu spät war . . ."

Baron Twieler wurde sehr blaß. Da stand das scheue, junge Geschöpf vor ihm, das seine Gattin war. Und das er noch gar nicht zum Weibe erweckt hatte. Und ein großes Weh stand in ihm auf, als er fühlte, daß sie eine tiefe Liebe zu einem andern im Herzen trug. Keusch und zurückgedrängt war diese Liebe, das wußte er wohl. Aber seine kluge Erdmuthe hatte sie wohl erkannt und nur aus Gewissenhaftigkeit zurückgewiesen. Sie wollte ehrlich durchs Leben gehen, weil sie ihm, Lothar Twieler, Treue geschworen hatte am Altar. Er wollte ihr danken, indem er ihr Zeit zur Prüfung ließ. Er nahm ihre Hände in die seinen. „Du wirst dich durchkämpfen, Erdmuthe, ich habe großes Vertrauen in deine Kraft und Ehrlichkeit. Vielleicht hättest du mir nicht so rasch dein Jawort geben sollen — und vielleicht bin ich selbst daran schuld. Ist jener Jugendgespiel es wert, daß du ihm dein goldenes Herz schenktest, ihm Treue bewahrtest?"

„Ja, Lothar. Tausendmal ja!" Ihre Augen leuchteten. „Diesen Gedanken darf ich doch behalten, Lothar? Bernd Hartmann kann nur Vorbild sein."

„Bernd Hartmann? Ist das der geniale Bauherr, der jetzt das Konsulatsgebäude in Rio Grande do Sul der Öffentlichkeit übergibt?"

„Ja, Lothar. Mir ist's selbst wie ein Wunder, was aus dem wilden Jung geworden ist . . . Aber er hat mich gestern totgeschlagen . . ., magst du die tote Erdmuthe denn bei dir behalten, Lothar? . . ."

Baron Twieler riß sie heftig an sich.

„Die tote? Sprich nicht so, Kind — liebstes — und laß alle Schatten und Gespenster aus deiner lichten, lebendigen Seele heraus — hörst du?"

Er nahm ihr schönes Gesicht in beide Hände und sah ernst und voll Liebe in ihre Augen. — „Erdmuthe ... darf ich dir sagen, daß ich einen Sohn und Erben heiß von dir ersehne? Mein Name stirbt sonst mit mir aus. Die Twielers waren kein ungut Geschlecht, waren tapfere Kämpen und treue Hausväter. Und du, Erdmuthe, hochgemuter Sproß der tapferen Densos, du würdest eine vorbildliche Mutter unseres Sohnes sein, das weiß ich."

„Ich danke dir für dein Vertrauen, Lothar. Gut bist du und ritterlich. Ich brauche viel Sonne..." Sie nahm seine Hand und küßte sie dankbaren Herzens. „Laß mir Zeit — Lothar, laß mir Zeit..."

F. Rose

Süßer Syringenduft wehte durch die etwas niedrigen, aber kostbar ausgestatteten Salons. Weit geöffnet waren die Flügeltüren, und gewährten den Durchblick in die lange Zimmerflucht, welche sich in farbiger Pracht, wie eine Perlenschnur, bunt aneinander reihte.

Ein kleines, lauschiges Boudoir bildete den Abschluß. Hier schien alles zusammengehäuft, was dem Geschmack einer eleganten Dame unwiderstehlich erscheint. Rokokomöbel mit wässerig verschwimmendem Blumendamast, goldmarketierten Platten und hohen Bronzekonsolen waren auf schwellendem Teppich in reizend genialer Zwanglosigkeit durcheinander geschoben, schwerseidene, purpurgefütterte Portieren rauschten breit neben den Fenstern und Türflügeln nieder, und an den Wänden kokettierten echt Meißner Porzellanstatuetten auf ihren kostbaren Simsen, schauten aus ovalen Rahmen die reizendsten Genrebildchen, im Geschmack eines Watteau, Claude Lorrain und Lairesse. Palmwedel nickten über dem Eckdiwan, und ein buntschillernder Amazonenpapagei schaukelte sich träge im goldenen Reif.

Auf den beiden Kranichleuchtern des Schreibtisches brannten die Wachskerzen und beleuchteten die schlanke Gestalt einer Dame, welche, tief über ein aufgezogenes Schubfach geneigt, mit weißen Händen die Papiere durcheinanderwarf und sortierte.

Fein und reizend wie die Züge einer römischen Gemme war ihr Profil gezeichnet, wie Sammet, zart und frisch ihr Teint, und tiefdunkel das lockige Haar, in welchem die Rubinrosetten über der Stirn ihre glühenden Blitze sprühten. Eine Robe von leuchtend rotem Atlas floß, von schwarzen Spitzen überwogt, in langer Schleppe auf den Teppich nieder und sehr tief à coeur dekolletiert tauchte der weiße Hals aus einem Blütengewinde schaukelnder Fuchsien.

Eifrig neigte sich das Köpfchen über ein Billett, um den Inhalt noch einmal zu überfliegen.

„Ma bien chère!" — stand mit ziemlich charakterlosen Schriftzügen unter einer farbigen Fürstenkrone.

„Ich hoffe sicher, Carlo heute abend bei Ihnen zu treffen. Entferne mich von hier unter dem Vorwand, mit Ihnen zu musizieren! Ich bin ganz krank vor Angst und Aufregung, verlasse mich aber völlig auf die Diskretion und die Klugheit meiner lieben Freundin! Au revoir, ich umarme Sie in Gedanken!

Anna Regina."

Die feinen Lippen der Leserin zuckten scharf auf, sie faltete das Billett wieder zusammen und legte es zu einem Päckchen bereits ausgewählter Briefe, — dann entfaltete sie ein zweites rosiges Blatt.

„Ich komme zur bestimmten Zeit, — sorgen Sie dafür, daß wir mit B. ungestört bleiben.

Toujours la même. A. — R. — —"

Hastig ward auch dieses Schreiben zu den anderen gelegt.

Leise Schritte klangen im Nebensalon.

„Excellenz — ich bitte um Verzeihung ..."

Wie von einem Schlage getroffen, schrak das schöne Haupt der Angeredeten zurück, — eine tiefe, zornige Falte grub sich in die weiße Stirn.

„Was fällt Ihnen ein, Jean?!" zischte sie empor. „Hab ich nicht jede Störung strengstens verboten?"

„Ganz recht, Excellenz, ich bitte um Vergebung, ich habe jedoch Befehl vom gnädigen Herrn, welcher mich schickt, Excellenz für einen Augenblick herüber zu bitten! Ein sehr heftiger Hustenanfall hat sich wieder eingestellt . . ."

„Welcher Unsinn, mich darum zu belästigen! Mein Mann hustet, so lange ich ihn kenne!" unterbrach Frau Leonie von Gärtner den Diener, „geben Sie ihm seine Arzenei und dann ist es gut; — es wird ja schließlich zur reinen Manie, mich alle Augenblicke wegen solcher Lappalie herüberzitieren zu lassen!"

„Es scheint diesmal doch bedenklicher zu sein", — wagte Jean schüchtern einzuwerfen. „Excellenz fühlen sich sehr matt und angegriffen — —"

„Ganz egal — ich kann jetzt nicht kommen, sagen Sie ihm, daß ich jeden Moment die Hofdame der Prinzessin erwarte. — Außerdem wünschte ich es dringend, daß mein Mann nachher in den Salons erscheine, die Prinzessin und eine eingeladene Gesellschaft muß von dem Hausherrn empfangen werden! Ich wünschte es dringend." Jean verneigte sich tief und respektvoll. Der Wunsch seiner Gebieterin trug sehr das Gepräge eines Befehls, er kannte ihren Ton bereits.

So ging er, — einen Schatten auf der Stirn und einen Seufzer auf den Lippen.

Drüben in dem stillen Arbeitszimmer lag der arme alte Präsident in seinem Lehnstuhl, bleich und unglücklich, ganz verlassen. Er wird bei dem Wunsch seiner Gemahlin mit jenem herzzerreißend geduldigen Kopfnicken die Hände gegen die kranke Brust pressen und leise flüstern: „Den Frack und die Orden, Jean, ich denke, es wird mir besser!"

Jean zog die Stirn in Falten. Er hatte einstmals ein Gedicht gelesen, das wollte ihm nicht mehr aus dem Sinn, seit er im Hause des Präsidenten diente. „Der arme, alte König, er nahm eine junge Frau . . . ! . . ."

N. v. Eschstruth

iesel, **weißt du noch,** wie du im letzten Sommer den Weg in den kalten Grund hinabgestiegen bist, als ging es aus lichter Freiheit in einen dumpfen Kerker zurück? Heut ist dir alles, was zurückliegt, wie ein Spiel und müßiges Getändel, und vor dir breitet sich endlich, endlich ein Tagewerk, dein Tagewerk.

Deine Seele hat die Pforte gefunden, die du irrend und mit tastenden Händen gesucht hast seit deiner Heirat. Seit du im kalten Grund weggewiesen worden bist von dem Posten, der der Mütterlichkeit in dir zukam von frühester Kindheit an.

Wie ein Flügeldehnen war es in der Frau, die stumm neben dem Doktor hinter den Trägern herschritt.

Ihre ganze junge Kraft wachte noch einmal auf. Sie wollte fortan keinen Gegenwind mehr scheuen, nicht mehr sich ducken vor jedem Wetter. Den Flug wollte sie wagen nach der steilen Lebenshöhe des mütterlichen Weibes.

Neben ihr, am stillen Weg entlang, lief das knisternde Rieseln des vereisten Baches. Dieses eng gefesselte, nagende Leben unter der knechtenden Hülle. Das sprach zu ihr in neuerlernten Lauten: „Warte, warte auf deines Sieges Tag! Du bist so stark, du trägst das Leben in dir, du kannst alles zernagen, was dich fesselt!"

Vertraut und brüderlich war der Müllerin die Welt, durch die sie früher dahingeschritten war in stumpfer Einsamkeit.

Von überallher kamen die Stimmen, die ermunternd zu ihr sprachen. Denn es geht keiner, der seines Lebens Sinn und Zweck erkannt hat, durch Wald und Flur, ohne daß ihn Grüße treffen von allen Seiten. Alle vernunftlose Kreatur weiß ihr Ziel. Und Menschen, die das ihre ahnen, reihen sich ein, fassen Tritt und sind Kameraden.

Man hat den Müller auf sein Bett getragen, und der Doktor war lang, lang bei ihm.

Schweigend, mit großen, bangen Augen hat die Liesel gewartet und zugelangt, wo es not tat.

Dann hat der Doktor sie in das Zimmer nebenan geführt, hat die Türe hinter sich zugezogen und hat gesagt: „Frau Klotz, das wird hart. Härter als ich Ihnen sagen kann."

„So muß er sterben?" fragte tonlos die Frau.

Seltsam sah der Doktor sie an, fast froh. „Wär' das das Härteste?" Sie nickte nur. Ihre Augen, die gegen die spärliche Fensterhelle gerichtet waren, füllten sich langsam mit Tränen. Der Doktor nahm ihre kalte Hand. „Die Klotz sind stark wie Riesen und zäh wie Katzen. Sie sterben nicht am ersten Streich. Aber dem da drinnen, dem sind die Augen ausgeschlagen — — beide Augen — —"

Die Liesel tat keinen Schrei, aber ein Grauen schüttelte sie, so daß der Doktor ihre Hand fester preßte, als ob er sie halten müsse. Sein Gesicht war sehr rot und seine Nase noch röter, als er fortfuhr: „Blind wird der Müller. Dort seine Flinten müssen verstauben und den Wald sieht er nicht mehr. Aus ist's mit dem Fuchsgraben und mit dem Habichtschießen, mit Schnepfe und Auerhahn —"

Die Liesel stand ganz erstarrt. Das furchtbare Schicksal, das in dem Wörtlein „blind" für einen Mann wie den Müller lag, es rauschte wie ein schwarzer Strom an ihr vorüber.

„Kann ihm denn niemand helfen?" stöhnte sie auf.

Der Doktor ließ ihre Hand los. „Nein", sagte er, „da ist kein Helfen. Die Augen sind zerstört und nichts zu flicken. Wie es zuging, kann ich mir nicht erklären. Ein Hufschlag ist es nicht, sonst wäre der Schädel nicht mehr ganz. Und der hat nicht gelitten."

„Blind, blind — —" murmelte die Frau, und es war wie ein Wimmern.

Da strich sich der Doktor das lange Haar rasch aus dem Gesicht und sagte: „Er ist der Ärmste nicht. Mancher gäbe sein Auge gern, wenn er damit sein Weib zurückkaufen könnte." Er wandte sich um und ging nach der Türe mit seltsam harten Schritten wie in Ungeduld. Vom Flur her rief er zurück: „Ich fahre in zwei Stunden wieder vorbei. Vorher ist nichts zu tun, als aufzupassen."

Wie von einem schweren Traum umfangen, stand die Müllerin allein in ihrer weiten Stube, die sie in der Christnacht verlassen hatte. War das nun Jahre her? Sie schaute sich um, als müsse sie in fernen Erinnerungen suchen, wie es gewesen.

Sie sah, daß alles noch an seinem Platz stand wie einst, nur lag der Staub in allen Ecken und auf jeglichem Gerät.

Verlassen und wunderlich verwaist war dieser Raum, das spürte sie, und es tat ihr wohl, sie wußte nicht warum.

Sie schaute auf die Türe, hinter der der wunde Mann lag, und es fiel ihr ein, wie sie gerufen hatte: ‚Nie mehr werde ich dort hineingehen!'

Leise drückte sie die Klinke nieder, und da zitterte ihr Mund wie bei einem Kind, das weinen will. Sie sah den verbundenen Kopf auf dem Kissen liegen, sah die reglosen Männerhände, an denen noch die Spuren der Arbeit dieser Nacht klebten.

Da fingen alle Quellen an zu rieseln, die dieses Weibes Herz umschloß.

Mit einem fassungslosen Aufschluchzen kniete sie hin an des Bewußtlosen Lager und barg den Kopf in seinem Bett. „Da bin ich wieder, Johannes, da bin ich."

A. Supper

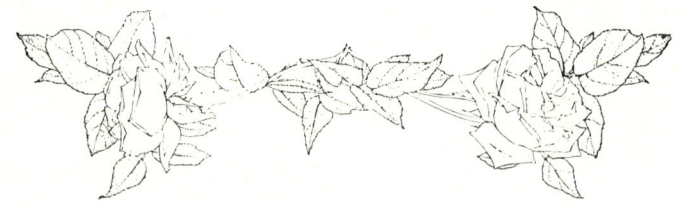

Schicksalswalten, Todesmacht

otztausend, was steht denn da!" rief der Oberförster, vor Überraschung kaum der Worte mächtig. „Jost von Gnadewitz, das ist ja der Held in Sabines Geschichte von der Urahne!"

Ferber trat näher und hob bedeutsam den Deckel in die Höhe. Da lagen auf dunklem Samtpolster Schmuckgegenstände von altertümlicher Fassung, Armbänder, Nadeln, eine Schnur ge-henkelter Goldstücke und mehrere Reihen echter Perlen.

Das Papier war herabgefallen; Reinhard hob es auf und erbot sich, den Inhalt vorzulesen: er war, selbst für die damalige Zeit — vor ungefähr zwei Jahrhunderten — sehr unorthographisch und ungelenk geschrieben — der Verfasser hatte sicher das Schießgewehr besser zu führen verstanden als die Feder — trotzdem wehte ein poetischer Hauch durch die Zeilen. Sie lauteten:

„Wer Du auch seiest, der Du diesen Raum betrittst, bei allem, was Dir heilig, bei allem, was Du liebst und was je Dein Herz gerührt, störe ihre Ruhe nicht! . . . Sie liegt da, schlummernd wie ein Kind. Das süße Antlitz unter den dunklen Locken, es lächelt wieder, seit der Tod es berührt . . . Noch einmal, wer Du auch seiest, ob hochgeboren oder ein Bettler, ob Du ein Anrecht an die Tote hast oder nicht, lasse mein Auge das letzte sein, das auf ihr geruht! Ich konnte sie nicht unter die schwere, dunkle Erde legen — hier spielen goldene Lichter um sie her, und draußen auf dem Baume läßt sich der Vogel nieder; auf seinen Flügeln ruht noch der Waldodem, und aus seiner Kehle strömen die Lieder, die ihre Wiegenlieder waren . . . Es sanken auch goldene Lichter in das Walddickicht herab, und die Vögel sangen droben auf den Zweigen, als das schlanke Reh das Gebüsch teilte und erschreckt die scheuen Augen auf den jungen Jäger richtete, der unter dem Busche ruhte. Da fuhr es jäh und heiß durch sein Herz, er warf das Gewehr weit von sich und folgte rastlos der Mädchengestalt, die vor ihm floh. Sie, das Kind des Waldes, eine Tochter jener Horden, die ein Fluch über die Erde treibt, die nirgends heimischen Boden unter den irrenden Füßen, nicht eine Scholle vaterländischer Erde haben, auf die sie das sterbende Haupt legen können, sie hatte das Herz des wilden Junkers bezwungen ... Um ihre Liebe bettelnd, streifte er Tag und Nacht um das Lager ihres Stammes, folgte ihren Schritten wie ein Hund und umschloß rasend vor Leidenschaft ihre Knie, bis sie gerührt einwilligte, die Ihrigen zu verlassen und ihm heimlich zu folgen ... Er trug sie in der Stille der Nacht hinauf auf sein Schloß — wehe — und wurde ihr Mörder! ... Er achtete nicht ihr Flehen, als sie plötzlich die unbezwingliche Sehnsucht nach der Waldfreiheit erfaßte; wie der gefangene Vogel umherflattert und angstvoll sein zartes Köpfchen gegen die Stäbe des Käfigs stößt, so irrte sie verzweiflungsvoll zwischen den Mauern, die einst ihre berauschende Stimme, ihr wunderbares Saitenspiel gehört hatten und nun von ihren schmerzlichen Klagen und Seufzern widerhallten. Er sah ihre Wangen bleich werden, sah, wie ihr Auge im Haß sich von ihm abwandte; sein Herz erlitt tausendfach den Tod, wenn sie ihn von sich stieß und vor seiner Berührung schauderte; er geriet in Verzweiflung, aber er schob doppelte Riegel vor und bewachte in Todesangst die festverschlossenen Türen; denn er wußte, sie war für ihn verloren, wenn einmal ihr flüchtiger Fuß den Waldboden wieder berührte ... Da kam endlich eine Zeit, da wurde sie ruhiger; zwar glitt sie an ihm vorüber, als sei er ein Schatten, ein Nichts, sie hob keine Wimper, wenn er in ihre Nähe trat und bittend und schmeichelnd sie anredete; seit lange hatte sie kein Wort zu ihm gesprochen und auch jetzt kam kein Laut über ihre Lippen, aber sie rüttelte nicht mehr wild an den Fenstern, die zarte Brust wund schlagend und in gellenden Tönen nach denen rufend, die draußen in goldener Freiheit durch den Wald zogen; sie jagte nicht mehr wie gehetzt durch Zimmer und Säle oder hinauf auf die Mauer, um den schönen Leib im trüben Grabenwasser zu betten. Unter der Eiche, neben dem Erker, saß sie geduldig mit dem lilienweißen Gesichte und sah still vor sich hin; sie wußte, daß sie Mutter werden sollte. Und wenn die Nacht hereinbrach, nahm er sie auf seine Arme und trug sie hinauf; sie litt es, aber sie wandte das Gesicht von ihm, daß sein Atem sie nicht berühre und kein Strahl seines heißen Auges auf sie falle.

Da klopfte eines Tages der Pfarrer von Lindhof an das Schloßtor. Das Volk fabelte, sein Beichtkind, der Jost, halte Verkehr mit dem Teufel, und da kam er, um die arme Seele zu retten. Er fand Einlaß und sah das Wesen, um dessen willen der lustige Jäger das lustige Leben im Walde und den Himmel vergessen hatte. Ihre Schönheit und Reinheit rührten ihn; er sprach zu ihr mit milder Stimme, und ihr in Schmerz erstarrtes Herz öffnete sich seinem Zuspruche. Um ihres Kindes willen ließ sie sich taufen und ließ es geschehen, daß jenes unselige Bündnis durch Priesterwort geheiligt wurde ... Als ihre schwere Stunde vorüber war, da legte sie mühsam ihre Lippen auf die Stirn des Kindes und mit diesem Kusse entfloh ihre Seele; sie war frei, frei! Noch auf der entseelten Hülle strahlte der Abglanz dieses Triumphes! ... Der Unselige sah ihre Wunderaugen brechen; er wand sich in den Schmerzen der Reue und Verzweiflung zu ihren Füßen und flehte vergebens um einen einzigen, letzten Liebesstrahl.

Der Knabe wurde getauft auf den Namen seines Vaters — auf meinen Namen ... Ich sah schaudernd in seine Augen — er hat die meinen — er und ich haben sie gemordet ... Mein alter Diener Simon hat den Kleinen fortgetragen; ich kann nicht für ihn leben. Simon sagt — der Pfarrer auch — es werde sich kein Weib entschließen, meinem Kinde die Brust zu reichen, weil ich in den Augen des Volkes ein Verlorener, ein der Hölle Verfallener sei ... Das Weib meines Forstwarts Ferber nährt den Kleinen jetzt, ohne zu wissen, von wem er stammt —"

Der Vorleser hielt inne und sah erstaunt über das Papier hinweg. Der Oberförster, der bis dahin, aufmerksam zuhörend, ihm gegenüber an der Wand gelehnt hatte, stand mittels einer raschen Bewegung plötzlich an seiner Seite und faßte krampfhaft seinen Arm. Sein braunes Gesicht war bleich geworden, als ob eine mächtige innere Erschütterung momentan seine Pulse stocken mache. Auch Ferber war mit allen Zeichen höchster Überraschung näher gekommen.

„Weiter, weiter!" rief endlich der Oberförster mit fast erstickter Stimme.

„Simon hat ihn auf die Schwelle des Forsthauses gelegt", las Reinhard, „er hat heute gesehen, daß ihn die Ferberin herzt und pflegt, wie ihr eigenes Mägdlein ... Nach den Gesetzen meines Hauses hat er keine Ansprüche an das Erbe derer von Gnadewitz, aber mein mütterliches Erbteil wird ihn vor dem Mangel schützen. Auf dem Rathause zu L. liegen meine Verfügungen, die ihn als meinen Sohn und Erben bestätigen. Mag er als Hans von Gnadewitz ein neues Geschlecht begründen: der Allmächtige möge mitleidige Herzen lenken, daß sie seine Jugend beschützen, ich kann es nicht! ... Alles, was jene liebliche Hülle in glücklichen Tagen geschmückt hat, es soll sie auch im Tode umgeben, soll mit ihr vermodern. Auf die Kleinodien hat ihr Kind Anspruch, aber alles in mir empört sich, wenn ich denke, daß das, was auf ihrer glänzenden Stirn, ihrem reinen Nacken geruht hat, vielleicht durch treulose Hände auseinandergerissen und entweiht wird; eher soll es hier erblinden und verderben.

Noch einmal wende ich mich an Dich, den vielleicht der Zufall erst nach Jahrhunderten in dies Heiligtum führt; ehre die Toten und bete für mich!   Jost von Gnadewitz."

Die beiden Brüder reichten sich wortlos die Hände und traten an den Sarg. In ihren Adern kreiste das Blut jenes Wunderwesens, das einst den wilden, stolzen Junker in Liebesraserei entflammt, dessen glühende Seele, nach Freiheit lechzend, jubelnd dem vergötterten Leibe entfloh, der hier im engen zinnernen Schreine zu einem Häufchen Asche zusammensank ... Da standen die zwei hohen Gestalten, die Abkömmlinge dessen, der, mit dem Weihkusse der sterbenden Mutter auf der Stirn hinausgetragen wurde in den Wald, auf die niedrige Schwelle des Dieners, während sein hochgeborener Vater verzweifelnd in den Tod ging.

E. Marlitt

ie Gräfin zog sich im Gespräch mit Röschen scheinbar absichtlos zurück, die Sängerin folgte ihr willenlos; plötzlich waren sie an der Tür eines der vordem erwähnten kleinen Gemächer angekommen. Gräfin Ida warf noch einen forschenden Blick nach ihrem Gatten in den Saal und verschwand dann darin mit Röschen; daneben schloß sich ein zweites an, dessen Eingang von einer großen Blattpflanze fast verdeckt war; hier traten beide ein.

Eine mattgeschliffene Ampel an der Decke verbreitete sanftes, grünliches Licht.

„Da läßt sich ungestört plaudern", begann die Gräfin in leichtem Gesellschaftston, indem sie sich auf einen Divan niederließ und das von einer inneren Angst ergriffene, nach dem Ausgang spähende Mädchen mit einem leisen Druck der Hand dazu nötigte, das gleiche zu tun.

„Und ungestört von ganzem Herzen danken, Frau Gräfin", erwiderte Röschen, in der plötzlich beim Anblick dieser Frau ein heißes drängendes Gefühl aufstieg, daß sie nach der Hand derselben haschte und einen Kuß darauf drückte. Die Gräfin machte eine Bewegung, als wolle sie dieselbe zurückziehen, überließ sie ihr dann doch, und ein Strahl der Wonne glitt über ihr Antlitz in dem Augenblick, wo Röschens Lippen sie berührten.

„Keinen Dank, mein Fräulein", wandte sie rasch ein, „ich verdiene ihn nicht, Professor Berla rühmte mir derartig Ihre Stimme, Ihr Talent, daß meine Verwendung für Sie bei Hofe mehr aus Egoismus geschah — ich lebe *nur* mehr für Musik."

Sie sprach das letzte mit schmerzlichem Tonfalle. „Diese glänzende Gesellschaft, diese prächtigen Räume, diese Freuden des Reichtums — allerdings, das ist auch Musik, stürmische Musik des Lebens, schrille Herzenstöne zu betäuben. Ihnen gefällt sie wohl, Fräulein Raßmann?"

„Warum nicht, sie ist mir wenigstens neu, und Neues gefällt so leicht."

„Glückliches Kind! Neu ist sie Ihnen? — Ach ja! der Professor erzählte es mir. Sie sind an einem Orte aufgewachsen, in dessen Stille ihre Töne nicht dringen. Ein trauriger Ort für ein Kind, ein junges Mädchen!"

„Traurig nennen Sie ihn? O nein, Frau Gräfin, ich liebte ihn! So verführerisch sie klingt, diese Musik des Lebens, sie kann mich die feierliche Harmonie meiner Kinderjahre nicht vergessen lassen."

„Sie fühlten sich also glücklich, recht glücklich?" fiel die Gräfin ein, Röschens Hand pressend.

„Gewiß war ich es, meine Pflegeeltern —"

„Pflegeeltern? Sie hatten also Pflegeeltern —"

Die Hand der Gräfin zog sich zurück und griff nach dem Fächer.

„Ja, Frau Gräfin, Pflegeeltern. Brave Leute, die mich liebten wie ihr eigenes Kind — das heißt, wohl mehr als ihr eigenes Kind — deren *eigenes* Kind *ich* war, die mich verließ, verstieß mich kurz nach meiner Geburt, wie ich hörte, — ich kenne sie nicht."

Das grünlich matte Licht der Lampe gab der Gräfin eine Leichenfarbe. „Und wer sagt Ihnen, daß sie Sie ganz verlassen? Daß sie nicht im geheimen über Sie wache? Vielleicht waren es grausame Verhältnisse, die sie von Ihnen entfernte! Sie kennen das Leben noch nicht, dessen Musik Sie jetzt berauscht. Es gibt Dinge —"

„Nichts gibt es, Gräfin, nichts, was eine Mutter bewegen kann, ihr Kind zu verleugnen."

Röschen fuhr von ihrem Sitze auf, hochaufgerichtet stand sie vor Gräfin Ida, die sich, wie von Beklemmungen befallen, schwer atmend, in das Sofa zurücklehnte.

„Keine Not, keine falsche Scham, keine Gewalt der Erde!"

„Die Ehre einer ganzen Familie, die schuldlos ist an dem Leichtsinn der Unglücklichen", sprach, nach Atem ringend, würgend die Gräfin. Ein häßliches Lachen schlug gegen die Wände des kleinen Gemaches. „Die Ehre einer ganzen Familie, sie wird gerettet durch das entsetzlichste Verbrechen gegen die Natur! Ist das der Text zu dieser Lebens-Melodie da draußen, die mich berauschen soll? — Gräfin — dann —" ihr Auge flammte unheimlich, sie beugte sich über die immer mehr in sich zusammensinkende, sich in die Ecke des Divans, wie vor einer furchtbaren Erscheinung verkriechende Gräfin. — „Dann — doch was ist Ihnen, Gräfin? Sie sehen so bleich aus?" Es lag eher Hohn als Mitleid in der Frage.

„Nichts! — Das garstige Licht! — Gar nichts!" Gefaßt nahm sie die Unterhaltung wieder auf.

„Mein liebes Fräulein, was bewog Sie, die Stätte Ihrer Jugend, in der Sie sich so wohl fühlten, wie Sie sagten, zu verlassen? Der Trieb zur Kunst doch nicht. Sie war Ihnen ja damals ein fremdes Wesen."

„Das gerade nicht — ihr Wesen kann man ja überall verspüren und ihre Sache ist immer dieselbe, ob sie aus Tönen oder Worten, oder aus Erz und Stein spricht — aber mich bewog ganz anderes. Eben die Erfahrung, daß sie mich nicht ganz verlassen, daß sie im geheimen über mich wachte, das heißt, für mich *bezahlte,* die leichtsinnige Unglückliche, wie Sie sie eben nannten, Frau Gräfin — die trieb mich fort aus meiner Heimat, mich selbst zu ernähren. Ich will *kein Almosen,* wo ich Liebe fordern kann, die höchste Liebe — gedenken Sie Ihres Sohnes, der Ihnen so früh entrissen wurde — Ihres einzigen Sohnes?"

Das Auge des Mädchens bohrte sich in das entstellte Antlitz der Gräfin.

Sie nickte stumm.

"Gedenken Sie des wilden Schmerzes über seinen Tod, und Sie müssen es fühlen, welchen Schatz von Liebe ich für immer verloren."

"Nicht für immer, Kind, — sie kommt, sie *muß* kommen."

Die Gräfin fuhr auf wie aus einem wüsten Traume, sie streckte die Arme aus nach Röschen, ihre Stimme klang weich, tränenerstickt. "Das Gewissen, die Natur selbst wird sie einst — bald vielleicht — allen zum Trotz, zu Ihren Füßen treiben."

Röschen betrachtete die erregte Frau mit forschendem Blicke, es war ihr einen Augenblick, als müsse sie dieselbe an ihr Herz ziehen, doch sie unterdrückte gewaltsam das aufsteigende Gefühl.

"Es wäre zu spät, Gräfin", sagte sie in kaltem, festem Tone.

A. v. Perfali

Vor wenigen Tagen erhielt ich einen Brief, vom alten Herrn Nachbarn.

Ich ließ ihn mehrere Stunden uneröffnet liegen, denn es fehlte mir an Herz, ihn zu lesen. Ich wußte ja schon seinen Inhalt. Mimilis letzte Stunden, den Schmerz des gebeugten Vaters, den Kummer des alten Freundes und seiner Gattin. Zürnend mit dem Geschick, das ein solches Wesen, wie Mimili war, in der Blüte des Lebens, abrufen, und einen so liebens-

würdigen Mann, als meinen Freund Wilhelm, in der Fülle seiner Kraft, des jammervollsten Todes sterben lassen konnte, er-
brach ich endlich das Siegel und las:
„Ihr werdet mich unter den Engeln im Himmel suchen, lieber
Herr und Freund, aber zur Zeit bin ich noch in meiner herrlichen
Schweiz, doch seliger, als alle Engel im ganzen Himmelreich,
denn Wilhelm lebt in meinen Armen."
Ich weiß nicht, wie es gekommen war; aber ich hatte Wasser in
den Augen, als ich den Brief des Herrn Nachbars eröffnete;
darum schwammen mir jetzt alle Buchstaben vor dem Gesichte,
so daß ich mir selbst nicht traute, da ich diese Zeilen erblickte,
und unten am Ende des bogenlangen Briefes, ganz deutlich den
Namen Mimili.
Ich wischte mir, vor Freude zitternd, die Tränen aus dem Gesicht, ich durchflog mit trunkenem Blick den Brief — es war, es
blieb richtig! Mimili lebte und Wilhelm. Beide frisch und gesund.
Wilhelms Geschichte war ganz kurz und erbaulich.
Was nach dem Augenblicke seiner Verwundung mit ihm vor-
gegangen war, wußte er nicht; er hatte, halb verblutet, besin-
nungslos unter seinem Rappen gelegen. Gegen Mitternacht
war er endlich wieder zu sich gekommen. Seine erste Frage an
die ihm zunächst liegenden Verwundeten war gewesen, ob
der Feind geschlagen? und, als hierauf ein beseligendes Ja er-
folgte, wohin er geflüchtet? „Auf Paris zu" hatte ein Unglücklicher ohne Beine geantwortet: und jetzt erst hatte er, dem
Ewigen dankbar, bemerkt, daß ihm beide Beine noch waren;
vor ihm Paris, hinter ihm Deutschland und die Lazarette; links
die Schweiz. Die rechte Hand vom Sturz gelähmt, in der Brust
eine Kugel, im Kopfe eine Hiebwunde, im Herzen Mimili.
Er hatte sich links gewandt, um sich von Mimili pflegen zu lassen. Drei Meilen war er in der Nacht gewandert, am Morgen
war er vor einem Städtchen kraftlos umgesunken. Ein Müller
war des Weges gefahren gekommen.
Wilhelm hatte das Letzte seiner Besinnung zusammengerafft,
um dem Manne sein ganzes Gold zu bieten, wenn er ihn nach
Unterseen im Kanton Bern schaffen wolle; von dort aus hatte
er sich auf ein Saumroß laden und auf Mimilis Alpe schaffen

lassen wollen. Der Müller hatte nach einigem Zögern und Rechnen Ja gesagt, und dem erschöpften Wilhelm waren die Augenlider zugefallen.

Von da ab, fährt Mimili in ihrem Brief fort, weiß Wilhelm nichts, als daß er unendlich lange auf einem mit Stroh ausgefütterten Wagen gefahren, daß er von fremden Gesichtern bedauert und von unbarmherzigen Wundärzten verbunden worden ist. Wahrscheinlich hat er in einem sehr starken Wundfieber fortwährend gelegen, oder hat ihn der Blutverlust so geschwächt, oder hat die Hiebwunde so nachteilig gewirkt; kurz er hat von allem, was mit ihm vorgefallen, keinen klaren Begriff, nur so viel weiß er, daß, als er dann endlich wieder ein wenig mehr zu sich kam, und sich in einem Bette liegend sah, er nicht im Arm seines treuen Maidli lag, sondern in einem Bette zu Freiburg in Breisgau; das Bette aber gehörte einem wackern christlichen Manne, bei dem ihn der Müller abgeladen hatte, weil Wilhelm ohne Todesgefahr nicht weiter gefahren werden konnte. Der Freiburger hat mit Frau und Kind an Wilhelm fromm getan, wie der barmherzige Samariter, und Wilhelm ist nach langem Leiden gesund geworden und ist förder gezogen gen Thun, von dannen er gekommen ist über den See zu seinem Maidli.

H. Clauren

m ersten Weihnachtstage abends stand ein junges Paar neben dem brennenden Tannenbaum und schaute in die hellen Lichter; er hatte den Arm um sie geschlungen und sie das Haupt an seine Schulter gelehnt — noch saß der Myrthenkranz in ihrem dunklen Haar. Nachmittags waren sie getraut in der Kirche drüben, deren alter schiefer Turm in unsern Garten hineinsieht, und der Vater und ich hatten an dem Altar gestanden; Hanne saß, bittere Tränen vergießend, im nächsten Kirchenstuhl. Schon morgen in aller Frühe wollte sie uns verlassen: das Schiff ging am 27. in See.

Wir nahmen abends gleich Abschied voneinander — die Post verließ um vier Uhr früh die Stadt. Der Vater hatte sich, kränkelnd und ermüdet, schon früh zur Ruhe begeben.

„Behüt euch Gott!" sagte nun auch ich, als die Kerzen des Baumes herabgebrannt waren und es still ward in dem kleinen Kreise. „Leb wohl, Heinrich! Leb wohl, Ursula!"

Da schlang sie noch einmal im Leben die Arme weinend um meinen Hals, die Ursula, und ihre Lippen legten sich auf die meinen, so süß und schwer wie damals! Aber sie sprach kein Wort — und diese Tränen waren Glückestränen.

„Adieu, Bruder!" sagte Heinrich weich. Und dann stand ich in meinem einsamen, dunklen Zimmer und sah über den verschneiten Garten hinweg zu der alten Linde hinüber; es kam mir vor, als strecke sie die kahlen Zweige verzweifelnd in die kalte Winterluft hinaus, wie um etwas zu halten, das ihr entfliehen wollte und das zu erfassen sie nicht die Macht hatte, weil sie doch im heimatlichen Boden wurzelte. — Der Mensch trägt unbewußt seine Stimmungen auch auf Lebloses über!

Allgemach ward es ganz ruhig im Hause, ich hörte Ursulas Zimmertür leise gehen und Hanne die Treppe hinaufsteigen; nur ich stand immer noch am Fenster. Erst spät warf ich mich auf das Lager, und als ich erwachte, war es Tag geworden, klarer sonniger Wintertag, und die Glocken läuteten zum Kirchgang.

„Sie lassen noch einmal grüßen", sagte die alte Hanne, als sie mir das Frühstück brachte, und wandte sich schluchzend ab.

So sind sie hinausgezogen, Mann und Weib, in seligem Vertrauen auf eine glückliche Zukunft. Sie hat die Palmen sich wiegen sehen jenseits des Ozeans, und auf schwankendem Schiff in Sturm und Wetter hat sie gelacht, denn ihr *Heinrich* stand auf der Kommandobrücken. Zwischen Wasser und Wind haben sie glückliche Tage verlebt, die beiden — so klang es aus ihren Briefen.

Dann aber blieb er lange, lange aus; es sollte just die letzte Fahrt sein, die er machte, eh' er sich zur Ruhe setzte in dem schmucken Häuschen zu Cuxhaven — er kam nicht wieder.

In mein einsames Haus aber trat eines Tages eine noch immer schöne Frau im schwarzen Witwenkleide.

„Willy", bat sie, und legte die Hand eines schlanken Jungen mit dem blonden Kraushaar Heinrichs und den dunklen Augen der Mutter in die meine, „er hat keinen Vater mehr, und zu Fremden mag ich ihn nicht tun, willst du ihn bei dir behalten?"

„Auch dich, Ursula", sagte ich, „komm wieder in die alte Heimat, sie ist dein und mein!"

Sie schüttelte den Kopf. „Laß mich draußen bleiben; ich kann die See von meinem Fenster aus sehen — ich habe ihn ja so lieb gehabt."

So hat sie am Fenster ihres Stübchens gesessen noch lange Zeit. Ich habe sie einmal besucht, und da wußte ich gleich, daß Ursula hier wohne; es war etwas Eigenes um sie her. Als sie starb, da brachte mir Willy noch einen letzten Gruß von ihr und ein kleines Buch: „Hannchen und die Küchlein", und unter den letzten Vers hatte sie mit ihrer feinen, flüchtigen Hand geschrieben:

> „Unter der Linde noch einmal ich stand,
> Schaute mit weinenden Augen ins Land. —
> Wo ist die Jugend, mein Hoffen, mein Glück?
> Ach, nur Sehnsucht blieb mir zurück!"

Das war die Ursula! War meiner Jugend Traum!

W. Heimburg

Er hatte es durchgesetzt, er ging nach Berlin, und als er mit gemessenen Worten und heißen Augen von ihr Abschied nahm, sah dieser Abschied wie ein Versprechen aus, das über die augenblicklich bevorstehende Trennung hinweg auf eine Zeit hinüberdeutete, wo Wiederfinden sein und aus dem Wiederfinden Zusammenbleiben und dauernde Vereinigung werden würde.

Und aus dieser, für liebende Menschen so schmerzlich-süßen Zeit der Trennung stammten nun die Briefe her, die jetzt wie verwelkte Blätter, wie Schuttbrocken eines Palastes vor der einsamen Frau lagen. Nicht der Herbst hatte diese Blätter im gemächlichen Schicksalsgange der Zeit vergilben lassen — der Frost hatte sie verbrannt; der Palast, der da in Trümmern vor ihr lag, war nie unter Dach gekommen, war eingestürzt, bevor er fertig geworden war. Täuschung und Enttäuschung — das war es, was aus diesen Blättern wie mit dumpfer, klagender, beinah heulender Stimme ihr entgegentönte, was ihre Hände mit krallenden Fingern ins Haar greifen ließ und die Tränen

vergiftete, die auf die Blätter fielen. Soviel ersehnt, erwartet, erhofft — und nichts daraus geworden. Nicht das mindeste! Nichts!

Wie der Mann zu schreiben gewußt hatte! Wie diese ersten Briefe klangen, die ihr damals von Berlin zugegangen waren! Noch heute, indem sie die längst verhallten Worte wieder las, war es ihr, als käme der Rausch über sie dahergefahren, so daß ihr alt gewordenes, vergrämtes, verbittertes Herz zu zittern begann, als könnte es den Überschwall des Glücks nicht mehr ertragen. Und nach den ersten Briefen die folgenden, alle wie jene, funkelnd von Geist, sprühend von Leben und atmend von Sehnsucht und Liebe, wie Küsse, unter denen man wie unter Blumenduft erstickt.

Dann aber, noch kaum mit Gedanken begriffen, nur wie eine Ahnung kommenden Unheils mit tastendem Gefühl empfunden, das erste Anzeichen, daß etwas sich vorbereitete, etwas Böses: die erste längere Pause im Schreiben. Gleichzeitig damit ein anderer Ton in den Briefen, ein Ton, der an das Flügelschlagen eines flügelgelähmten Vogels erinnerte, ein Versuchen, sich zu der einstigen Wärme und Lebendigkeit wieder aufzuschwingen, ein Versuchen und Nichtmehrkönnen, ein Erkalten, ein Erlahmen und Dahinsinken von einem zum andern Mal. Dazu die Briefe immer kürzer, die Pausen immer länger. Und nun wie das halbverblaßte Bild eines bösen Traumes, der uns einstmals gequält hat, stieg die Erinnerung an die Zeit wieder auf, die schlimme Zeit, als sie das alles zu bemerken, als sie zu fühlen begonnen hatte, daß sich ein Wolkenschatten vor die Sonne in ihrem Herzen schob, als sich der Wolkenschatten zum Gewölk ballte, zu der Ahnung, daß in ihrem Leben etwas anders kommen könnte, als sie geglaubt hatte, als die Ahnung zum Bewußtsein, das Bewußtsein zur Gewißheit wurde, daß alles anders, daß statt Freude und Glückseligkeit, Kummer und Verzweiflung kommen würde. Der schreckliche Augenblick alsdann, als die Briefe plötzlich ganz verstummten; der noch schrecklichere, als auch keine Antwort mehr kam, auf ihre angstvollen, flehenden, beinah bettelnden Briefe keine Antwort mehr. Und dann endlich die furchtbare Kunde, der Donnerschlag, der auf sie herabfiel und ihr Leib und Seele zertrümmern zu wollen schien, die Nachricht: Georg von Drebkau hat sich verlobt!

Noch jetzt, indem sie daran zurückdachte, trieb es die einsame Frau in der nächtlichen Stube vom Sitze empor, daß sie stöhnend, wie eine Rasende, im Zimmer hin und her ging, in das Kleid greifend, als wollte sie es aufreißen, um Luft zu bekommen, Luft.

Verlobt! Und mit wem verlobt? Mit einem reichen Mädchen! Einer Jüdin! Mit der Tochter eines jüdischen Bankiers in Berlin!

Daß sie das damals ertragen hatte, daß sie nicht gestorben und zugrunde daran gegangen war, darüber wunderte sie sich noch heute, wunderte sich — beklagte es beinah. Ja, armer, „braver, anständiger" Hauptmann von Carstein, es muß gesagt sein, beklagte es! So also sah er in Wirklichkeit aus, der strahlende Held, der „schneidige, bedeutende Mann", der „elende Streber", der „schlechte, schlechte Kerl", der Georg von Diebkau. Für so eine war sie drangegeben und vertauscht worden, für die Tochter eines Halsabschneiders, sie, das adlige Mädchen! All die liebende Glut in ihrem Herzen, ihre herrlichen Glieder, ihr schönes Gesicht und leuchtendes Haar, dahingeworfen wie ein Haufen Kehricht für ein schmutziges Bündel stinkender Bankaktien!

Oh, die Tränen, die sie damals geweint hatte, die schrecklichen Tränen, die so schrecklich waren, weil nicht der Schmerz allein sie erpreßte, sondern der wütende Ekel, der Ekel darüber, daß sie nichts war als ein armes Mädchen. Das hatte er aus ihr gemacht, daß sie, die sich wie eine Königin vorgekommen war, wie eine Göttin, sich an sich selbst ärgerte, an sich selbst verzweifelte, weil alles das, worauf sie bisher stolz gewesen war, ihr zusammenschrumpfte zu einem lächerlichen Nichts? So ganz mit Leib und Seele hatte sie sich dem Manne in Gedanken hingegeben, daß sie sich jetzt, da er nichts mehr von ihr wissen wollte, wie geschändet vorkam, wie ein wertloses Stück Ware, das man in den Winkel stellt, irgendwohin, bis daß vielleicht ein anderer Käufer kommt, an den man es losschlägt, verschachert um jeden Preis.

E. v. Wildenbruch

Im ersten Ostertage sollte Fritz die ersten Weihen erhalten und auf den zweiten Festtag war Luciens Hochzeit festgesetzt. — Wie alljährlich hatte meine arme Schwester, der alten Kindergewohnheit treu, im Dom die Vorbereitungen zu der ersten Ausschmückung angesehen, und am Karfreitag kniete sie in der Dämmerung am heiligen Grabe und weinte sich aus. — — und beim Herausgehen trat ihr Fritz entgegen und, einen Augenblick bei ihr stehen bleibend, flüsterte er ihr zu: „Erwarte mich morgen nach Sonnenuntergang zum Abschied im Garten, in dem alten Sommerhause."

Sie sah ihn an, er war blaß wie eine Leiche — sie nickte mechanisch und wiederholte: „Zum Abschied! — —"

Die Nacht verging unter dem heftigsten Kampf, wie Lucie später gestand, der folgende Tag wie im Traume, und als der letzte Sonnenstrahl verschwand, da griff sie mit zitternder Hand nach dem verhüllenden Tuche und eilte hinaus — die ganze Seele erfüllt von dem Gedanken, ihn noch einmal allein zu sehen und zu sprechen — — von ihm zu scheiden in Frieden! — Ach in Frieden! Das Herz klopfte ja so wild, und ihr ganzes Wesen strebte dem Geliebten entgegen in glühendstem Verlangen. Vergessen war alles, was trennend zwischen ihnen lag — nur ihn sehen — zu ihm reden, ihn reden hören! Der Frühling leuchtete damals schon in voller Pracht, die Obstbäume blühten, Primeln und Narzissen standen an allen Wegen und grüßten die Vorübergehenden mit lenztrunkenen Augen. Das alte unbenutzte Sommerhaus war umsponnen von Osterluzei, wie ein zartes grünes Netz hing es an dem grünen Lattenwerk. — Im Gebüsch sang schon die erste Nachtigall, und drüben im Kloster stimmten die Nonnen ihr Miserere Domine an. — Als Luciens zitternde Hand die Tür aufdrückte, trat die hohe Gestalt des Geliebten ihr schon entgegen. Und wie es kam — sie wußte es nicht — sie lag in seinen Armen wie damals, als der Blitzstrahl vor uns niederschlug, sie umschlang ihn in Seligkeit und Verzweiflung und fühlte seine brennenden Lippen auf ihrem Munde.

Was nun zwischen ihnen in dem grenzenlosen Weh des Scheidens gesprochen wurde — wie sie beide gekämpft und gerungen, und wann sie sich getrennt — weiß niemand. Der alte Gärtner fand meine arme Schwester bewußtlos hingestreckt am Eingange des Hauses. Man brachte sie zu Bette, die Großmutter, heftig erschrocken, schalt auf den Nachttau und den Unsinn der abendlichen Gartenspaziergänge. In der darauffolgenden Nacht schrieb Lucie an ihren Verlobten: „Laß mich frei, ich bin deiner nicht mehr würdig. Eine Liebe, die in mir lebt, so lange ich denken kann, die ich mit aller Macht ersticken wollte in meinem

Herzen, hat endlich über mir in Flammen zusammengeschlagen. Ich habe den Geliebten wiedergesehen und fühle nun, daß ich ihm, nur ihm gehöre für alle Ewigkeit und keines andern werden und sein kann. Er oder der Tod! — Verzeihe mir, vergeßt mich alle, das ist meine letzte Bitte — mein letzter Wunsch!" Am nächsten Morgen lag sie im furchtbarsten Fieber völlig bewußtlos. In ihren wilden Phantasien nannte sie Fritzens Namen und beschwor ihn in den rührendsten Tönen auf sie zu warten — — sie werde kommen. Sie machte verzweifelte Versuche aufzustehen: „Ich muß fort — — zu ihm! Er wartet ja auf mich!" schrie sie wie in Todesangst auf. Die Großmutter saß, ein Bild versteinerten Zornes, an dem Bette der Armen, sie übernahm ganz allein Luciens Pflege, nur mit Hülfe einer alten tauben Dienerin, daß niemand die Schande ihrer Enkelin erfahre. — Wie oft zögerte ihre Hand, ihr die Medizin zu reichen — — „ich hätte sie damals ohne Tränen sterben sehen können", sagte sie später.

Das Gerücht von dem Verschwinden Fritz' drang nicht in die stille Krankenstube — — aber später die Nachricht, daß man ihn irgendwo erschossen wiedergefunden. — — Hätte er an ihr gezweifelt, als sie nicht kam, um mit ihm zu fliehen und hin und her zu wandern „ohne Glück noch Stern bis zum Verderben und Sterben"! — Wer könnte es sagen? „Er wollte nicht Priester werden — — sie wollten ihn zwingen, da entfloh er ihnen", flüsterten sich die Leute ins Ohr. — „Er hatte ein Herz — — die ewige Barmherzigkeit wird ihm verzeihen", sagte der alte ehrwürdige Priester, Fritz' Oheim. — Die Mutter Fritz' überlebte den Schlag seines Verlustes nicht lange. Heimliche Reue und tiefer Schmerz brachen ihr Herz und Leben. Luciens Jugend überwand zwar die schwere Krankheit, aber sie überlebte den Geliebten nur körperlich, ihr Geist war und blieb umnachtet. — Zum Glück waren es heitere Phantasien, in denen sie sich erging — sie erwartete ihn im Pavillon des Gartens — und leise sang sie immer das Miserere Domine der Nonnen, das damals erklungen war, an jenem heiligen Abend vor dem Osterfest.

E. Polko

Im langen, leichten Hemdlein stand sie da, mit bloßen Füßen inmitten des Mondglanzes. Sie konnte sich kaum aufrecht halten. Doch sie *wollte* nicht umsinken. Aufstehen und wandeln wollte sie. Er hörte sie ein Stöhnen ersticken, sah sie schwankenden Schritts zur Wiege treten, darüber sich neigen und den kleinen Leichnam enthüllen.

Er hörte sie jammervoll aufschluchzen.

Behutsam, als lebte es, hob sie das tote Kind auf, preßte es an sich, stand mit ihrem Kinde an der Brust eine Weile da — legte das Kind dann wieder in sein Bettlein, deckte es weich und warm zu, trat zurück, schickte sich an, das Zimmer zu verlassen: im leichten Hemde, mit bloßen Füßen!

Sie betrat das Nebengemach, wo der leere Platz ihrer Tante war, wo ihr Freund verborgen stand, unfähig, einen Laut auszustoßen, eine Bewegung zu tun.

Hart an ihm vorüber schritt sie schleppenden, schleichenden Ganges hinaus.

Er hörte, wie sie die Treppe hinabstieg, wie sie auf den Flur ging, wie sie die Haustür öffnete und das Haus verließ.

Den Hofhund hörte er anschlagen; und er hörte, wie der Hund plötzlich ein Freudengeheul ausstieß. Gleich darauf klang es jedoch winselnd, wie wimmernd.

Eine kleine Weile wartete er noch. Dann entriß er sich gewaltsam seiner Erstarrung und schlich ihr nach, die aufgestanden und hinausgegangen war, um ja eines sicheren Todes zu sein.

Niemand im Hause war erwacht; niemand sah sie auf ihrem Todesweg; niemand konnte sie davon zurückhalten, konnte sie retten.

Niemand außer ihm . . .

Vor sich sah er sie schleppenden, schleichenden Ganges hinschreiten im weißen Mondschein über die taufeuchte Wiese, einem Nebelstreif gleich.

Der Hund begleitete sie.

Aber das treue Tier sprang nicht voll unbändiger Freude um die Herrin, sondern schlich leise winselnd ihr nach, gerade als wüßte er's. Gebhardt folgte ihr, sich wundernd, daß ihre Füße auf der schimmernden Wiese ein dunkle Spur zurückließen.

Bisweilen drohten ihre Kräfte sie zu verlassen; bisweilen schien sie zu straucheln und zu sinken. Aber immer wieder setzte sie ihren Weg fort.

Bis zu der Waldwiese ging sie, die eben geboren hatte, im leichten Hemde, mit bloßen Füßen.

Ihr Tod mußte es sein!

An der Stelle, wo die alte Riesenfichte gestanden, darunter sie bei dem Gewitter hatte sterben wollen, brach sie zusammen.

Sie hatte sicher geglaubt, die Kraft zu besitzen, den Weg bis zum Hause wieder zurückzugehen; sich, ohne von einer Seele bemerkt zu werden, wieder ins Haus zu begeben und zu Bette zu legen, wo man sie dann am Morgen tot gefunden hätte.

Später, viel später hat Gebhardt mir alles gesagt.

Und gesagt hat er mir, daß ihr Todesweg auch für ihn gleich einem solchen war. Einmal warf er sich hin und drückte sein Gesicht in das nasse Gras, darüber sie geschritten war, biß er

hinein; denn er fühlte, daß er laut aufschreien müßte vor Jam-
mer und Qual. Und das würde Judika erschreckt haben.

Als er einige Augenblicke nach ihr auf die Waldwiese gelangte,
sah er sie bei dem verkohlten Baumstumpf liegen und den Hund
neben ihr kauern. Er stürzte zu ihr, hob die Entseelte auf, trug
sie zum Alphof zurück, legte sie auf das Bett, hielt bei ihr Totenwache — Er allein! Seine einsame Totenwache war der Lohn,
den er sich selbst gab für seine Liebe bis zum Grabe und darüber hinaus.

R. Voß

Neben der aufgetanen Gruft, daraus es dumpf empor-
hauchte, in der Kirche war Salomena aufgebahrt. Sie
lag, das Haar mit frischen Feldröslein bekränzt und
den Leib mit Farn und Tannenzweigen bedeckt, überirdisch
schön in der Truhe. Ihre Lippen waren nicht verblaßt, ihre Wangen waren sanft gerötet, und wenn ich nicht bestimmt gewußt
hätte, daß dies nur der Widerschein der Rosen in ihrem Gesicht
war, so hätte ich darauf geschworen, daß sie lebe und blühe und
atme. Ein Falter, der auf den Flügeln die Pracht des Pfauenauges
führte, umtaumelte die Tote, betört von dem Duft der Blumen,
und ließ sich nicht von mir verscheuchen, der ich mit wolken-
dem Rauchfaß den Sarg umschritt. Nach langem, gaukelndem
Zögern ließ er sich auf eine Blüte nieder und achtete nimmer
auf das Tun der Menschen.

Die Träger, die der Leutnant bestellt hatte, schlossen die Truhe
und senkten sie behutsam in das Dämmer hinab, wo sie neben
einem anderen, uralten dunklen Sarg zu stehen kam. Mich
drängte es zu rufen: „Begrabt den schönen Falter nicht!" Aber
ich schämte mich dieser kindischen Wallung und schwieg und
ließ das lebendige Geschöpf mit der Toten versinken.

Gebeugt weilte der Leutnant, einen brennenden Kerzenstock
in der Hand, vor der Gruft, bis der Stein sie wieder deckte.

Er lohnte hernach mit Goldstücken verschwenderisch die Leute
ab, die bei dem Begräbnis geholfen hatten, und suchte mich in
der Sakristei auf. „Euch verdanke ich, daß meine Tochter nicht
unterm wilden Himmel hat sterben müssen", sagte er. „Laßt

mich noch einmal in Euerm Widum übernachten! Morgen reise ich weiter."

„Wohin?" fragte ich.

„Was weiß ich!" sagte er. „Mein Leben ist jetzt ohne Weg und Ziel. In Dornloh kann ich nicht bleiben, Ihr müßtet mich denn als Sauhirten bestallen. Wozu taugt sonst ein einarmiger Krüppel?"

Ich aber wandelte den ganzen Tag über in einer seltsamen Unruhe. Immer wieder gedachte ich der Trauer des Falters, der sich jetzt wohl erhob, sehnsüchtig nach der freudigen Sonne, nach der weichen, tragenden Luft des Wiesensommers, und an die Bretter der Truhe stieß und ängstlich den Ausweg aus der Finsternis suchte. Wehe, das holde, pfauäugige Wunder war gefangen, der Verwesung zugesellt! Und wenn es auch eine Fuge entdeckte, so schlug es sich die zierlichen Schwingen wund an dem Gemäuer der Gruft. Und es konnte nicht um Hilfe rufen wie ein Mensch, nicht in klagenden Lauten sich verkünden wie ein vergessener Hund, niemand hörte seinen Todeskampf, sein Heimweh nach der lichten Welt: an dem unerbittlichen Stein zerstießen sich die blumenhaften Flügel.

Nur ich wußte von seiner Not, nur ich konnte den Falter retten. Ich stritt einen seltsamen Streit gegen mein Gewissen. Abends berief ich den Mesner und ein paar Nachbarn zu mir in die Kirche, sie sollten mit mir noch einmal den Gruftstein heben. „Will der Leutnant sie wiedersehen?" fragte der Gallus. Ich flüsterte: „Nein! Er darf nichts erfahren, wir müssen heimlich sein." „Ei, so muß das feine Mensch wohl wieder heraus aus dem steinernen Stüblein?" fragten sie mich.

Heimlich wie Diebe öffneten wir selbfünft das Grab, und ich stieg auf einer Leiter hinab.

Gebückt stand ich in dem niederen Raum und ließ eine Blendlaterne spielen. Versündigte ich mich, indem ich die Ruhe der Toten hier störte? Ich dachte des Lebens, das ich zu beschützen und zu befreien hatte.

Zaghaft berührte ich den Sarg, der den Leib des schönen Fräuleins beherbergte. Mir fiel eine Legende von Maria der Gottesmaid ein: ihre Gruft hatte man aufgesprengt, und man fand darin nichts mehr vor, nimmer Fleisch und Gebein, sondern nur einen samtnen Gürtel und ein lindes Schleierlein.

Ich stellte die Laterne zu Boden, schob den Truhendeckel weg und leuchtete hin. Die Tote ruhte friedevoll und schön, und auf ihren roten Lippen kauerte der Falter, und seine dünnen Schwingen bebten, als rühre sie ein leiser, strömender Hauch aus dem leicht geöffneten Mund.

Mit zitternden Händen pflückte ich den Schmetterling von dem roten Mund. In selber Weile — o heiliges Wunder! — taten sich die Augen des Mädchens auf.

Ich prallte zurück. War das Blendnis? Verzauberte mich der unterirdische Raum?

„Nein, du bist nicht des Jairi Töchterlein", flüsterte ich, „du bist gestorben, und Gott soll deine Seele pflegen!"

Und wieder goß ich Licht hin, die unheimliche Täuschung zu durchschauen und zu zerstören.

Großer Gott! Sie lächelte mich mit einem träumerisch müden Lächeln an, sie hob das bekränzte Haupt, sah um sich und schrie einen gellenden Schrei.

Wie eisiger Stahl schnitt es mich durchs Mark. Die Männer droben rannten polternd davon.

Ich war allein mit dem aus scheinbarem Tod erwachten Mädchen.

E. Watzlick

ena war neben der toten Mutter zusammengebrochen. Sie küßte ihren Mund, die toten Augen und die gefalteten Hände. Mit leidenschaftlicher Innigkeit stammelte sie die zärtlichsten Namen und streichelte wieder und wieder die bleichen Wangen. Und dann ging es plötzlich wie ein Ruck durch die bleiche Gestalt. Sie richtete sich auf den Knien empor und schaute wie gebannt in das stille Gesicht, als suche sie die Lösung eines Rätsels. Ihre Augen bekamen einen seltsamen Glanz, ihre Züge begannen sich zu beleben.

„Ja — ja, Mütterchen — ich verstehe dich — das Wunder, — da ist es ja — das Wunder — ja — Mütterchen — meine treue Mutter — ja — ja — das ist das Wunder", flüsterte sie, und ein irrer Ausdruck erschien in ihren Augen. Sie küßte die Mutter noch einmal innig und herzlich.

„Ja, meine Mutter — du zeigst mir den Weg — nun bin ich frei — frei — nun hält mich nichts mehr!"

Sie stand langsam auf und strich mechanisch ihr Kleid glatt. Dann sah sie sich im Zimmer um. Mit bösem Funkeln blickte sie nach der Türe.

„Er hat es gewußt — und er wollte mich fortlocken. Die tote Mutter paßte ihm nicht in seine Hochzeitsfreude."

Sie schüttelte sich wie im Grauen. Wieder sah sie sich im Zimmer um. Da blieb ihr Blick auf einer kleinen Tapetentüre haften. Sie starrte eine Weile darauf hin und streckte die Hand aus, als wolle sie sich selbst den Weg zeigen. Dann flog sie noch einmal zur Mutter hinüber, küßte sie auf den Mund und rief halberstickt und mit irrem Blick: „Ich komme, meine Mutter!" Schnell verschwand sie durch die Tapetentüre.

Eine schmale Treppe lag dahinter, die durch eine Hinterpforte ins Freie führte. Schnell eilte sie hinaus, so wie sie war, ohne Hut und Mantel. Niemand sah ihre Flucht, niemand dachte an die kleine Tapetentüre. Mit flüchtigen Schritten eilte Lena durch den schmelzenden Schnee nach der Landstraße hinüber und dann quer durch die Felder nach dem See. Immer schneller wurde ihr Lauf. Die feinen Schuhe, die sie trug, waren bereits durchnäßt. Sie merkte es nicht. Ihr verstörter Blick richtete sich geradeaus, und ihre Lippen bewegten sich wie im Gespräch. Niemand begegnete ihr, niemand hielt sie auf in ihrem Lauf. Weiter und weiter hastete sie. Nun lag der See vor ihr. Sie verdoppelte ihre Schritte. Ohne sich umzusehen, betrat sie die Eisfläche, die schon mit geschmolzenem Wasser bedeckt war. Ganz deutlich hoben sich die Stellen ab, wo vor kurzem geeist worden war. Lena lief schnell darauf zu. Sie sah zum Himmel empor und warf die Hände in die Luft.

„Mütterchen — ich komme, mein Mütterchen!" flüsterte sie geheimnisvoll. Sie betrat die blattdünne Eisschicht. Diese brach unter ihr zusammen.

Lena verschwand im Wasser, ohne noch einen Laut von sich zu geben. — — --

H. Courths-Mahler

h Boleslav", schluchzte sie, „du trägst die Schuld daran. Warum hast du mich so lange warten lassen? Und warum hast du den Leuten so viel Anlaß zu übler Nachrede geboten? — Und dann der Widerstand Papas, der doch nie zu überwinden gewesen wäre. — Was sollte ich armes Mädchen — —?"

„Bitte, es macht nichts", erwiderte er lustig.

„Und du bist mir nicht böse?"

„Oh, nicht im mindesten."

Schweigend begleitete er Helene in die Nähe des Dorfes zurück, nahm freundlichen Abschied und versprach nochmals, alles zu tun, was in seinen Kräften stände, um ihren Verlobten zu retten.

Sie dankte, machte eine artige Verneigung und entfernte sich. So endete die große Liebe seines Lebens. — —

Und als er den Schatten ihrer schmalen Gestalt hinter den letzten Häusern hatte verschwinden sehen, quoll in wildem Jubel der Name „Regine" aus seiner Seele.

Nun war der Weg frei — frei für jauchzende Sünde.

Doch was hieß Sünde, wenn das, was sich Tugend nannte, so kläglich zusammenfiel? Wo war das Böse, wenn das Gute zum Gespötte ward?

„Nimm sie hin — reiße sie an deine Brust — was morgen kommt, soll dich nicht scheren. Mag sie dir folgen von einer Schlacht zur andern — mag sie Männerkleider tragen, wie jene Leonore Prohaska, die ganz Deutschland als Heldin feiert."

„Regine — Regine!" jubelte er abermals und streckte im Laufen die Arme aus. Über die mondhellen Wiesen ging sein Lauf. Höher und dunkler stieg das Gebüsch des Ufers vor ihm empor. Am Katzenstege stand sie wohl und harrte seiner, wie sie allezeit getan.

„Regine!" rief er über den Fluß.

Nichts antwortete ihm. Tiefe Stille rings herum — nur durch die jungen Blättchen der Erlen floß ein leises Rieseln, das klang, wie wenn ein Träumender durch halbgeschlossene Lippen atmet. Von dem unsichtbaren Flusse drang ein feines Geplätscher herauf. Das Wasser stand niedrig und brach sich in den spitzen Kieseln.

Er erklomm die Stiege.

„Regine!" rief er noch einmal. — Schweigen wie zuvor.

Da gewahrte er, daß fast in der Mitte des Steges das schwan-
kende Geländer durchbrochen war. Morsche Splitter hingen an
beiden Seiten herab.

Erschrocken neigte er sich zum Flusse hinunter — — — — —
Auf der silbernen Fläche schwamm der Leichnam eines Weibes.

— — —

H. Sudermann

„Percy", sagte sie leise, „ich muß mit Ihnen sprechen."
Sie setzte sich auf die Lehne des alten Stuhles, den
einen Arm im Schoß, den andern um seine Schultern
gelegt. Er saß wie ein Toter, aber seine Glieder bebten im Fieber.
Der Duft ihrer Welt umfloß ihn, und der Hauch ihres Atems
glitt über seine kalte Stirn. „Ich muß Ihnen etwas sagen, Percy",
fuhr sie ebenso leise fort.

„Ihr Vater hat heute um mich angehalten."

Er sank zusammen, als habe sie ihn in den Nacken getroffen.

„Ich habe seinen Antrag nicht angenommen, Percy ... Ich
werde niemandes Antrag mehr annehmen, niemandes mehr,
verstehen Sie?"

„Weshalb?" fragte er. Seine Stimme ist eine fremde Stimme.

„Weil ich durch zwei Ehen gegangen bin, und man hat mich
zerrüttet in diesen Ehen. Geschändet und zerbrochen. Meine
Seele und meinen Leib. Verstehen Sie? Meinen Leib hat man
vergiftet, hören Sie?"

Er nickt. „Und deshalb?"

Er fühlt den schweren Atem ihrer Brust. „Nein."

„Weshalb denn?"

„Weil ich dich liebe, Percy."

Nun ist es ganz still. Nur der Wind geht durch den Garten, und
sie hören, wie die Blätter fallen.

Er richtet sich auf und legt seine Wange an ihre Brust, mit der
sein Antlitz sich hebt und senkt. Er weiß nicht, ob er versteht,
was sie bekennt. Ob es Worte sind, Gefühle oder furchtbare
Ereignisse. Er weiß nur, obwohl sie es nicht ausgesprochen,
was sie für ihn bedeuten, was sie nach ihrem Willen bedeuten

sollen. Sie liebt ihn, sie wird sich eher töten, als daß sie ihn liebt. Er weiß es mit einer entsetzlichen Gewißheit. Auch sein Sterben entscheidet nichts, gar nichts. Aber dies wenigstens ist gekommen und bleibt, ist nie mehr zu verlieren. „Sag es noch einmal", flüsterte er.

„Ich liebe dich, Percy."

Er drückt seinen Mund auf ihre Brust, und sie nimmt sein Haupt in beide Hände und preßt es an ihr Herz.

Dann flüstert sie ein ersticktes Wort und geht. Er hört, wie sie den Riegel vor ihre Türe schiebt.

Am Morgen erwacht Percy in demselben Stuhl, todmatt, mit dem dumpfen Gefühl, als laufe ein feiner Sprung, tausend-fältig gezackt, durch seinen schmerzenden Körper. Es ist schon hell, und auf den grauen Dielen, dicht vor seiner Tür, liegt ein Brief. Er ist unten durch den Spalt geschoben worden, und er wischt den Staub ab, bevor er ihn öffnet. Es ist nur ein einziges Blatt, und die wenigen Worte stehen fremd und groß in dem weißen Schweigen. „Leb wohl, Percy. Mein lieber Percy."

Ihre Zimmer sind unverschlossen, leer. Auf dem Tisch liegt ein Blatt an seinen Vater, daß sie verreise, für immer. Die Adresse für die Nachsendung ihrer Sachen werde sie angeben.

Als Herr Magnus nach seinem Sohn sehen kommt, findet er ihn zu Bett liegend. Es sei ihm nicht gut und er möchte sich gesund schlafen. Percy hört ihn nebenan klopfen, eintreten und nach einer Weile mit schweren Tritten die Treppe hinuntergehen. Er wendet das Gesicht zur Wand und drückt das leise knitternde Papier an sein Herz.

Holger kommt atemlos in der ersten Pause und sitzt dann nach-mittags vor seinem Bett. Er erzählt mit etwas schwerer Lustig-keit von der Schule und ihrer Banalität. Percy liegt schweigend, und seine dunklen Augen gleiten liebevoll über Holgers Ge-sicht. Dann bittet er ihn zu gehen, er möchte einen langen Schlaf tun. Als Holger an der Tür ist, winkt er ihm noch einmal. „Auf Wiedersehen, Holger ... in den Tropen." Lächelnd macht Holger die Türe zu.

Es dämmerte erst, als Holger in der Frühe mit der Faust an die Tür des malayischen Hauses schlug. Herr Magnus sen., der schon den Ofen heizte, öffnete erstaunt. Er wurde zur Seite ge-schoben, und Holger sprang die Treppe hinauf. „Percy!" Das

Zimmer war leer, das Bett gemacht, die Bücher eingeräumt. Auf dem Tisch stand der kleine Buddha, die Hände segnend erhoben.

„Percy!" Der Schrei klang furchtbar durch das leere Haus. Die Gartentür war verschlossen. Er war nirgends zu finden.

Holger gab keine Antwort. Er starrte wild in die leeren Gesichter der beiden und stürzte aus dem Hause. Fünf Minuten später raste er auf einem Motorrade die Straße nach dem Schloß entlang. Die Leute, die zum Frühzuge nach dem Bahnhof gingen, schüttelten die Faust hinter ihm her, aber nur eine Wolke von Staub und blauem Dampf bezeichnete seinen Weg.

Er fand Percy im Tropenhaus. Die Tür war verschlossen, aber ein Fenster war ausgehoben und von innen lose angelehnt. Er lag im Dschungel, die Füße noch auf dem Gang, einen Orchideenzweig in der Hand. Sie war ein wenig bläulich gefärbt und an ihrer Seite zeigten sich zwei entzündete Punkte, fein wie Nadelstiche: der Biß einer Schlange. Seine Augen, schon gebrochen, waren in die dunkle Wirrnis der Palmen gerichtet.

Holger schrie wie ein Tier, klagend und unaufhörlich. Sie öffneten das Haus von außen und rissen ihn mit Gewalt von der Leiche. Graf Manfred lief zu dem Glaskäfig, in dem die Schlangen lagen, beugte sich nahe an die Scheiben und schloß dann den Deckel, der nicht ganz fest an den Wänden lag. „Er hat die Hand hineingelegt", sagte er heiser.

Sie bahrten ihn im Saal auf, verstört, mit sinnlosen Bewegungen. Vor der Türe weinten die Mädchen laut. Sein Antlitz zeigte weder Kampf noch Qual.

Dann holte Graf Manfred die Blüten der fremden Erde und legte sie über die weiße Decke. Er war allein in dem großen und feierlichen Raum und stand lange vor der Blässe des jungen Hauptes. Als er den feinen Spalt der Augen noch einmal schloß, zitterte seine kühle Hand mit den blauen Adern ein wenig, und seine harten, hellen Augen zuckten unter ihren Lidern.

Sie begruben ihn an der Stelle, wo er gestorben war.

Eine weiße Steinplatte liegt im Schatten der Farne, und ihre roten Buchstaben sagen:

Parzival ... Weltevreden

E. Wiechert

ch wandte mich Winnetou zu und kniete neben ihm nieder.

„Wo ist mein Bruder getroffen?" fragte ich.

„Ntsàge tche — hier in die Brust", antwortete er leise, die Linke auf die rechte Seite der Brust legend, die sich von seinem Blut rötete.

Gedankenschnell riß ich das Messer heraus und schnitt ihm die Saltillo-Decke, die sich heraufgeschoben hatte, kurzweg herunter. Ja, die Kugel war ihm in die Lunge gedrungen. Mich erfaßte ein Schmerz, wie ich ihn in meinem ganzen Leben noch nicht gefühlt hatte.

„Noch wird Hoffnung sein, mein Bruder", tröstete ich.

„Mein Freund lege meinen Kopf in seinen Schoß, daß ich den Kampf erkenne!" bat er.

Ich tat es, und nun konnte er sehen, daß alle Indsmen, sobald sie sich in der Spalte blicken ließen, sofort der Reihe nach in Empfang genommen wurden. Unsere Leute kamen nach und nach alle herab. Die Gefangenen wurden von ihren Fesseln befreit und erhoben laute Rufe der Freude und Dankbarkeit. Das kümmerte mich nicht. Ich sah nur den sterbenden Freund, dessen Wunde aufhörte zu bluten. Ich ahnte, daß er sich innerlich verbluten werde.

„Hat mein Bruder noch einen Wunsch?" fragte ich ihn.

Er hatte die Augen geschlossen und antwortete nicht. Sein Kopf ruhte in meinen Armen, und ich wagte nicht die geringste Bewegung.

Der alte Hillmann und die anderen Settlers, die von ihren Banden befreit waren, griffen zu den umherliegenden Waffen und drangen in die Spalte ein. Auch das beachtete ich nicht, denn mein Blick hing nur an den bronzenen Zügen und den geschlossenen Lidern des Apatschen. Später trat Spürauge zu mir, der auch blutete, und meldete:

„Sie sind alle ausgelöscht!"

„Dieser wird auch auslöschen!" entgegnete ich. „Sie alle sind nichts gegen diesen einen!"

Noch immer lag der Apatsche bewegungslos. Die braven Railroaders, die sich so wacker gehalten hatten, und die Settlers mit den Ihrigen bildeten um uns stumm und tief ergriffen einen Kreis. Da endlich schlug Winnetou die Augen auf.

„Hat mein Bruder noch einen Wunsch?" wiederholte ich. Winnetou nickte und bat leise:

„Mein Bruder Scharlih, führe die Männer in die Gros-Ventre-Berge! Am Metsur-Fluß liegen solche Steine, wie sie suchen. Sie haben es verdient."

„Was noch, Winnetou?"

„Mein Bruder vergesse den Apatschen nicht. Er bete für ihn zum großen, guten Manitou. — Können diese Gefangenen mit ihren wunden Gliedern klettern?"

„Ja", meinte ich, obgleich ich sah, wie die Hände und Füße der Settlers unter den schneidenden Fesseln gelitten hatten.

„Winnetou bittet sie, ihm das Lied von der Königin des Himmels zu singen!"

Ich trug den Männern die Bitte des Apatschen vor, und sogleich winkte der alte Hillmann. Sie erklommen einen Felsenabsatz, der zu Häupten Winnetous hervorragte, um den letzten Wunsch des Sterbenden zu erfüllen. Seine Augen folgten ihnen und schlossen sich dann, als die Männer oben standen. Er ergriff meine beiden Hände und hörte nun das ,Ave Maria' beginnen:

> „Es will das Licht des Tages scheiden;
>   nun bricht die stille Nacht herein.
> Ach könnte doch des Herzens Leiden
>   so wie der Tag vergangen sein!
> Ich leg' mein Flehen dir zu Füßen;
>   o trag's empor zu Gottes Thron,
> und laß, Madonna, laß dich grüßen
>   mit des Gebetes frommem Ton:
>   Ave Maria!"

Als nun die zweite Strophe anhob, öffneten sich langsam seine Augen und richteten sich mit mildem, lächelndem Ausdruck zu den Sternen empor.

Dann zog Winnetou meine Hände an seine matt atmende Brust und flüsterte:

„Scharlih, nicht wahr, jetzt kommen die Worte vom Sterben?"

Ich konnte nicht sprechen. Ich nickte weinend, die dritte Strophe begann:

> „Es will das Licht des Lebens scheiden;
> nun bricht des Todes Nacht herein.
> Die Seele will die Schwingen breiten;
> es muß, es muß gestorben sein.
> Madonna, ach in deine Hände
> leg' ich mein letztes, heißes Flehn:
> Erbitte mir ein gläubig Ende
> und dann ein selig Auferstehn!
> Ave Maria!"

Als der letzte Ton verklungen war, wollte Winnetou sprechen — es ging nicht mehr. Ich brachte mein Ohr ganz nahe an seinen Mund, und mit der letzten Anstrengung der schwindenden Kräfte flüsterte er:

„Scharlih, ich glaube an den Heiland. Winnetou ist ein Christ. Leb wohl!"

Es ging ein Zucken und Zittern durch seinen Körper, ein Blutstrom quoll aus seinem Mund. Der Häuptling der Apatschen drückte nochmals meine Hände und streckte seine Glieder. Dann lösten sich seine Finger langsam von den meinigen — er war tot — —

K. May

Frau Musika

nd er zog einen langen, schmalen Kelim vor Rosmaries Füße. Und zum ersten Mal schweben die Töne der hehren Frau Musika durch das Goldhaus. Hans Friedrich beginnt leise und zart jene Melodie, die Harros Worte in ihm wachgerufen haben. „Ruhn in Frieden alle Seelen" . . ., und das neue Haus mag wohl lauschen auf den seltsamen Weihegesang. Und seine wunderbare Kunst nimmt die Melodie auf ihre Flügel, und sie rollt dahin in mächtigen Akkorden und kehrt wieder mit holden, flehenden, unsäglich süßen Kinderstimmen und mit Engelchören und rauscht über nächtliche Wälder und einsame, weite, brennend rote Heiden, wo alte Heidenmale stehen, und spielt um verlassene Dorfkirchhöfe, wo die Kinder auf den eingesunkenen Gräbern spielen und Holunderbüsche ihre weißen Dolden breiten, und wandelt durch Wälder auf sonnenfleckigen Wegen, wo das eingesunkene Kreuz am Rain liegt, halb begraben unter den todblassen Waldrosen.

Rosmarie hat ihr veilchengeschmücktes Haupt gesenkt, und ihre feinen Hände umklammern ihr silberstarrendes Knie. Zu ihren Füßen liegt Harro lang ausgestreckt auf seinem Teppichstreifen, beide Hände unter seinem bekränzten Haupte vergraben, ganz hingegeben, seine Seele bespült von der Flut der Töne.

Und draußen streicht der Nachtwind mit zarten, tastenden Händen um das Goldhaus, und die Sterne wandeln durch die Winternacht.

A. Günther

ur Dämmerstunde war's, zu der stillen träumerischen Zeit, wo die Sehnsucht und das Heimweh über die Menschenherzen kommt.

Noch brannte kein Licht in Brunhilds einsamem Gemach, — die schlanken Palmen ragten wie dunkle, phantastische Schatten aus ihren kostbaren chinesischen Kübeln empor, die weißen

Marmorleiber der Antiken glänzten gespenstisch dazwischen und an den Wänden verschwanden die Bilder in ihren breiten, mattschimmernden Goldrahmen.

Brunhild saß vor dem Flügel und ließ die Hände voll süßer Schwärmerei über die Tasten gleiten.

Der Feuerzauber! — Wie hätte sie noch andere Motive spielen und hören mögen außer der Walküre — außer dem Siegfried, diesen beiden zauberhaften Idealgestalten Wagnerscher Unsterblichkeit!

Brunhild und Siegfried! —

Sie gehören zusammen, sie sind füreinander bestimmt, und wenn sich alle Mächte der Welt dagegen auflehnen, wenn Felsen den Weg sperren und Feuergluten die Einsame umbrennen — Siegfried der Held findet dennoch den Pfad zu ihr, Siegfried kommt und weckt die Schlafende durch seinen Kuß, kommt und nimmt die Geliebte zu eigen für Zeit und Ewigkeit!

Der Feuerzauber!

Wie es klingt und singt . . . wie es lockt und betört . . . wahrlich ein süßer, unerklärlicher Zauber, welcher Herz und Seele gefangen nimmt.

Knistern nicht die Flammen? Sprühen nicht die Funken um sie her? Rauscht und glüht es nicht wie blutrot züngelnde Lohe? Brunhild neigt das Haupt zurück, ein seliges Lächeln irrt um ihre zuckenden Lippen.

Hält er sie nicht im Arm? Brennt nicht sein Mund so heiß und so süß auf dem ihren . . . küßt er sie nicht wieder . . . und abermals . . .

Leise, wie ein Hauch flüstern und hallen die Tasten unter ihren Fingern, — sie hört nicht, daß die Tür sich öffnet, daß Graf Alexis über die Schwelle tritt.

Er steht momentan still und blickt auf sein Kind, auf das schöne, liebeverklärte Antlitz, über welches just der Schein der aufleuchtenden Gaslaterne von der Straße draußen fällt.

Ein wunderliches Lächeln geht über des Grafen Gesicht, er nickt vor sich hin, als fände er eine Annahme bestätigt, welche er längst gehegt.

Sie spielt den Feuerzauber! —

N. v. Eschstruth

103

enn das Schlummernde seiner Seele geweckt würde, frisch auflebte und sich mit ihren eigenen Wünschen träfe! ging es durch seinen Sinn.

Immer tiefer ließ er sie in die Kanäle seines Hoffens blicken, bis sie sah, daß alle fernen Straßen in ein rotes Klingen mündeten: in seine Liebe zu ihr. Sie fühlte den nahenden Sturm. Wenige Wochen noch, und alle Wellen, die heute träumend lockten, würden zur Hochflut werden. Ihr Fühlen ahnte und wußte es. Die Sturmorgel des eigenen Verlangens zog alle Register, bis am Ende die kühlere Vernunft in fernere Manuale griff. Die Jugend in ihr schrie und atmete den Schauer seiner Reden ein, als fürchte sie sich der schmerzhaften Einsamkeit. Schwerer und schwerer ward es ihr, ruhig auf ihn herabzublicken, statt sich zu beugen und seinen Mund zu küssen.

Er redete leise und innig. Aus den erschlossenen Gärten seiner Gedanken sah sie ihr eigenes Antlitz aufschauen, um das er leuchtende Farben legte. Er sprach ohne Anrede, ohne sie zu nennen. Denn er fühlte, daß er beim ersten Lauf aufhören müsse.

„... ich weiß nicht, was ich sagen soll! Meine Worte wollten sich zu einem Stoße schichten, damit ihn meine Seele anzünde! Aber das kann und darf ich nicht ... Was ich fühle, vermag nur das Gefühl zu fassen und das Gefühl zu verkünden. Ich habe mein Denken in Noten gehüllt ... für Sie, Frau Maria, für Sie alleine. Darf ich spielen?"

Sie nickte und blieb stumm.

Im Musikzimmer ließ sie auf seinen bittenden Blick nur eine einzige Lampe das Gemach erhellen. Aber auch sie schien ihm noch zu grell. Auf dem Tische lag ein violettes Tuch. Er legte es über die Birne, so daß das Leuchten wurde, als rinne flüssiger Amethyst über durchsichtigen Lapislazuli.

Schweigend reichte er ihr den „Zarathustra" und schlug das Motto seines Tongeschenkes auf. Sie las: „Ein ungestilltes Unstillbares ist in mir; das will laut werden. Eine Begierde nach Liebe ist in mir, die redet selber die Sprache der Liebe."

Als sie das Haupt hob, begann er zu spielen: Suchend floß ein schweres Largo daher, wie sich Rauchschleier aus glimmenden Aschen lösen, vom Winde zerfetzt werden und in bizarren

Brocken herumfliegen, getrennt von der Flamme, wesenlos. Langsam wuchs die Melodie zum Maestoso, ... bevor sie sich siegreich erhob, brach sie in klagenden Disharmonien zusammen, als stürzten tote Sterne zur Erde. Jammernd stöhnte es auf und schloß mit müden, leisen Klängen. Eine kurze Pause. ... Dann wuchsen grell aufflammende Akkorde hoch. In rasendem Rhythmus jagte ein fieberndes Allegro daher. Maria erriet den Sinn der Töne: „Eine Begierde nach Liebe ist in mir." Glutheiß wachte ein neues Thema auf, als stürze sich ein Jubelnder jauchzend in die Arme der erschauernden Geliebten. Dazwischen tauchten eingesprengte Disharmonien ferner Zweifel hoch, immer siegreich verdrängt von dem freudehellen Motiv, das sich leuchtend über sie legte ...

Einen Augenblick senkten sich seine Hände. Ihr Blick hielt ein Lächeln, das jede Nacht zum Tage wandeln mußte.

Weich setzten neue Klänge ein, das Largothema greifend, aber befreit von den schmerzenden Mißklängen, aus zerrissener Verzweiflung überführend in lösendes Moll. Liebesmelodien streuten sich dazwischen, zaghaft. Gedanken höchster Liebe, die entsagt, wenn es das Glück des anderen erfordert.

Seine Hände glitten von den Tasten herab.

Tiefe Stille.

„Peter Lechter!"

Er legte seine Arme auf das Flügelpult und vergrub den Kopf in ihnen.

„Peter Lechter!"

Es war, als schwinge ein Meteor durch lautlose Nächte. Er erhob sich, ging zu ihr und hielt ihre heißen Hände in den seinen. Schweigen, ... schwere Atemzüge und Pendelschläge einer Uhr. Ein Atem wurde stockend, blieb stehen und lauschte, ob er allein sei, dann setzte er aus, bis heiße Tropfen fielen.

„Nicht weinen, Frau Maria, ... nicht weinen!"

Einer Genesenden gleich hob sie das Haupt. Der Schein des abgedämmten Lichts lag auf ihrem Haar. Durch Tränen sah sie ihn vor sich knien, legte ihre Hände auf seine Schultern und schlug die Brücken zwischen ihren Seelen.

„Sehen Sie mir ins Auge, Peter Lechter. Alles, was Sie überreicher Mann eben sagten, all das haben Sie nur mir, ... mir ganz allein zu geben?"

Seine Blicke sahen sie verwundert ob ihrer Frage an.

Sie schloß die Augen, um sich nicht in seinem Licht zu verlieren.

„So bin ich Ihnen . . .“

„Heilig!“

„Heilig, Peter Lechter?“

„Wie eine Göttin!“

R. C. Muschler

Im unendlichen Meer ist eine Insel. Die weiße Gischt der Brandung bricht sich an ihr. Auf der Insel leben zwei Menschen. Ein Mann und ein Weib. Das Meer ist eine riesige Stadt, die schütternde Zeit, die bittere Welt. Die Insel darin sind ihre eigenen Herzen. Ein Herz die Heimat des andern . . .

Der Mann steht beim Schreibtisch. Er reicht der Frau ohne Wort ein Blatt hin.

Sie sieht es: Es sind Verse.

Die Hände der Frau zittern, wie sie das Blatt halten. Sie schreit fast: „Christian! Verse! Wieder!“

Er steht daneben, er sieht ihr Glück. Schlicht, fast schüchtern sagt er: „Ja. Wieder . . . Nicht für die Welt. Nicht für die Unsterblichkeit. Nur für mich — und dich. Ich habe *so* gekämpft, aber es *läßt* sich nicht unterdrücken. Es ist stärker als ich.“

„Weil du ein Dichter bist“, sagt die Frau.

Der Mann wehrt ab. „Nicht ich. Nicht ich. Die Kunst! Die Kunst ist ewig. Was untergeht, immer wieder, ist die Zahl. Der Stoff. Der Körper. Der Lärm geht vorbei, und das Leiden geht vorbei. Der reine Wert bleibt.“

Die Lippen der Frau beben. Sie will sprechen. Sie kann es nicht.

„Lies es“, sagt der Mann. „Es ist in den geliebten Strophen der Sappho.“

Und die Frau liest:

Stiller birg dich, fremd in die Zeit verbannt aus ewiger Heimat! Hier ist die Treue, schuldlos mitzuleiden, hier der Entäußerung letzte Reife des Herzens.

Hier ist, mitzufürchten das Schicksal — dunkler drohend größrer Flamme — der Mut, zu lenken durch den Sturm die Fracht und der Heimat ferne Küste zu hoffen.

Aber da, dem Schoß der verhüllten Göttin opfernd mit dem sterblichen Samen, lahm die Kraft und brach der Acker des Fleisches blieb im Stern der Verheißung:

Liebe griff nach anderer Frucht: gesät aus Menschenleid, erblüht in der Nähe des Todes — gab dem Herzen Dauer durch dunkels Lied der Mann an dem Pfluge;

Wissend — O wer wüßte es wie er! — Getilgt muß werden und verweht auf der Winde Straßen: Leib, der trug den heiligen Inhalt — Schale, nie wieder füllbar.

O Gefährtin!

Was du tun kannst, hast du getan. Du sagtest: „Sei zuhaus!" — Denn Irdisches birgt sich unter Erde, so entsühnt es die Träume: So versöhnst du die Götter . . .

Die Frau drückt das Blatt gegen ihr Herz.

„Und ich habe mich so gefürchtet, es dir zu sagen", haucht sie. Der Mann hebt den Kopf, in ungeheurer Erwartung. Eine Weile ist Stille. Dann flüstert die Frau, ganz innerer Jubel: „Ich bekomme ein Kind, Christian."

Mit einer wilden Bewegung zieht er sie an sich. Das Blatt mit den Versen flattert zu Boden. Er kann vorerst nicht sprechen. Die Frau liegt in seinen Armen. Sie weint vor Glück.

Er sieht über sie hinaus, durch das Fenster, in die Ferne, wo die blauen Berge dunkeln; wo der Wald ist, wo das Herz der Natur schlägt, in ewigem Werden und Vergehen.

„Wir werden leben. Weiterleben." Mehr kann auch er nicht sagen . . .

J. Weinheber

as Sprechen wird mir — ein bißchen schwer. Also ihr sollt mir jetzt schon — Adieu sagen. Und Richard soll sich — ans Klavier setzen. Könnt ihr es — hereinrollen? Es geht leicht. Johanna, Hausmütterchen, du wirst dich — neben ihn setzen. Ihr seid ja wohl — Lebensfreunde, und ich will — euch beide sehen. Und wenn ich dann — winke, dann — steht ihr ruhig auf und — geht ruhig hinaus."

Sie sprachen kein Wort. Sie schoben behutsam das Klavier aus dem Nebenzimmer herein und traten zum Abschied an sein

Lager. Mit schmerzender Willensanstrengung hielten sie die Tränen zurück, denn sie sahen die heitere Gefaßtheit in seinen Augen. Die durften sie ihm nicht nehmen.

„Leb wohl, Johanna! Du tiefe, glückliche Natur. Du bist der Friede. Und du, mein Richard, du Sonnenkind. Du bist die Freude. Ach, ich möchte euch küssen."

Da beugten sie sich über ihn und umfingen seine schwachen Schultern und küßten ihn mit zuckenden Lippen.

„Spiel jetzt", bat er, und seine Stimme war unhörbar fast.

Da gingen sie zum Klavier, und Marschall saß vor dem Instrument, daß er den Freund im Auge hatte, und Johanna saß neben ihm an der Tür.

Richard Marschall spielte; Phantasien, stille, traurige Motive. Dann sah er, daß Franz Grube unruhig wurde, und lenkte über, und aus den Tasten quollen frischere Töne, ein Volkslied hob an zu singen, perlte aus in Variationen und schlug die Brücke zu einem zweiten Volkslied, und ein drittes, ein viertes folgte. Als marschierte ein langer Zug laubgeschmückter Menschen in den Sommer hinein.

Franz Grube war mit einem Lächeln eingeschlafen. Sein Atem ging leiser und leiser.

Und immer weiter spielte Richard Marschall, von Lenz und Liebe, von Jugend und Glück. Und Johanna Grube hatte sich in ihrem Stuhl weit zurückgebeugt und den Kopf gegen den Türpfosten gelehnt, und über ihr unbewegliches Gesicht rann Tropfen auf Tropfen.

Es ging gegen Mittag. Sie hatten es nicht bemerkt. Da brach Marschall mitten in einer Melodie ab.

Franz Grube saß in seinem Bett aufrecht. Ohne Hilfe hatte er sich emporgearbeitet. Und nun winkte er den beiden zu. Ihr habt es mir versprochen, stand in seinem gespannten Blick.

Richard Marschall erhob sich. Mit festem Griff faßte er Johannas Hand, warf noch einen langen Blick auf den Freund und verließ, ohne sich umzuwenden, mit dem Mädchen das Zimmer.

Franz Grube war zurückgesunken. Der Todeskampf hob an. Seine Hände fuhren über das weiße Linnen. Jetzt hatten sie die Rosen erreicht und die Finger schlossen sich krampfhaft um die Stiele.

Da trat eine Erkenntnis in seine Augen.

Aus seiner kämpfenden Brust quoll etwas hervor, ein Stammeln kam über seine Lippen — ein fremder Frauenname.

Und einsam, die Rosen auf der Brust, kämpfte er ungesehen den letzten Kampf. Schamhaft und männlich.

Die langen, müden Glieder dehnten sich, und es war eine lautlose Ruhe.

Franz Grube war nicht mehr. — — —

R. Herzog

Sastliche Nachmittagsstunden bei den Stabsoffizieren einer sächsischen Brigade. Die nette Gemütlichkeit muß nur mit einigen Unzen Blut bezahlt werden. Eine schreckliche Erfindung der Natur: diese polnischen Flöhe! Sie sind am hellen Tage so emsig wie in den Nächten. Nach zwei Stunden sah ich aus wie ein Masernkranker. Zu meinem Troste zeigte mir der Kommandeur der Brigade seine rotgetüpfelten Lazarusarme. Solche Pein ertragen und lachen dazu und ruhelose militärische Arbeit leisten bei Tag und Nacht — so sind die Unseren, ob hoher Offizier oder gemeiner Mann!

Mit linder Sonnenstimmung beginnt ein feiner Abend zu leuchten. Die Rauchsäule eines großen Brandes, der in der Richtung gegen Warschau lodert, steht wie eine phantastische Graugestalt hinter dem südlichen Horizont. Auf den Feldern steigen die Lerchen in den Goldschein der Sonne, von überall hört man ihre trillernde Sommerfreude. Ferne donnern die deutschen Granaten, die als Dokumente unseres „Stillstandes" auf Georgiewsk heruntersausen, auf die an der Weichsel liegende Zwillingsfestung von Warschau. Und hoch in den Lüften, zwischen Glanz und Helle, schnurrt die Maschine eines deutschen Fliegers.

Über den Ährenfeldern ist in der Sonnenwärme ein welliges Zittern. Zwischen grünen Bäumen lugt die weiße Kirche von Blendostowo heraus. Ihre Fenster sind zersplittert vom Luftdruck der Granaten, die Mauer ist durchsiebt von Schrapnellschüssen. Ich höre schönes, rauschendes Orgelspiel. Ein altes deutsches Lied, kunstvoll und mit Innigkeit gespielt! Ein Schulmeister aus Dresden erweist da seine Barbarennatur! Und sieben oder acht von seinen sächsischen Kameraden sitzen lauschend zwischen dem Splitterschutt des Kirchenschiffes. Durch ein großes Granatenloch funkelt die goldene Abendhelle an die graue, klingende Dämmerung herein. Und ferner Kanonendonner mischt in das Orgelspiel den tiefsten von allen Bässen.

Die noch erhaltene Hälfte des Dorfes ist nur von Feldgrauen bewohnt. Hinter den Häusern und Gärten sieht man die Schützengräben der Reserven. Die andere Hälfte des Dorfes ist eine tote Gasse von Brandstätten. In langer Zeile sind alle Obstbäume verkohlt oder braungedörrt. An den schwarzen Zweigen hängen in großer Menge die zusammengeschrumpften Äpfel und Birnen. Kosakenindustrie und Abzugsarbeit der Russen vom 26. Juli! Wer spricht davon in der Welt? Jeder Greuel unserer Feinde wird als belanglose Selbstverständlichkeit hingenommen. Klaglos trauern die von fliegender Asche umwehten Brandstätten, und neben ihnen singt und rauscht das schöne Orgelgebet eines deutschen Soldaten.

L. Ganghofer

Heldische Menschen

Er findet sie auf einer Steinbank, unter hohen Pinien, fast versteckt in Oleander, über einem römischen Buche. Fernher rauscht das Meer in die holde Stille, der Wind regt sanft das starre Laub. Ein mattseidenes Gewand, elfenbeinweiß und golden bestickt, umfließt ihre Glieder und läßt einen zartgeschwungenen Nacken frei, auf dem die feuerfarbenen Flechten lasten. Seit Wittich sie beim Antritt seiner Grafschaft begrüßte, im Kreise seiner Herren, hat er ihr Besitztum nicht mehr betreten; teils zu Rom, teils im Lande mit Arbeiten überhäuft, letzten Endes aber vor seiner eigenen Leidenschaft zitternd. Heute will er sie erringen, will ein Glück auf die römischen Bitternisse, eine Klarheit auf das finstere Spiel des Kanzlers.

„Bolfriana", sagt er leise, über die Bank geneigt. Sie blickt überrascht auf, erblüht in Scham vor seinen lächelnden Augen.

„Sei gegrüßt, Wittich!" entgegnet sie unwillkürlich in der Sprache ihrer Mutter, und ihre Römeraugen liegen dunkel leuchtend auf ihm. „Ein seltener Gast", fährt sie fort, „und bald wohl ein noch seltenerer", und auf seine fragenden, enttäuschten Mienen: „Du wirst in deinem Herzogtum wohnen wollen, in Randwers florentinischem Palast. Er soll sehr reich sein."

„Mag sein. Ich kenne ihn nicht. Ich bleibe in Ankona, wenn es dir lieb ist."

„Mir?" Ihre Blicke verstörten sich, ihr junger Busen atmete hastiger. Sie legt das Buch zur Seite und rückt: „Nimm Platz, Wittich."

„Eben das möchte ich", sagte der Seeländer geradezu, setzt sich und greift ihre Hand, „den Platz an deiner Seite. Für immer." Die schmale Hand zuckt in den Eisenfäusten, die braunen Augen umfloren sich.

„Kannst du mich lieben, Bolfriana?" fragt Wittich erregt. „Ich bin nicht in der geschliffenen Zucht Roms aufgewachsen und verstehe deine Lieblinge nicht" — er deutet auf den Horaz — „ich kann keine Verse schmieden und hab dich in der rauhen Sprache meiner Heimat lieb, treu und redlich gleich ihr."

Verführerisch flüstert der wärmer werdende Wind im Laube, Lenzblumen duften durch den frischen Atem der See und winden blühende Kränze um die Seele. Wittich atmet aus befreiter Brust, seiner Last entledigt und ein Freier vor dem Schicksal. Ein goldenes Haupt sinkt an seine Schulter, kaum daß sein Arm ihren Nacken bog, und er schmeckt zum ersten Mal im Leben die süßeste der Erdenfrüchte. „Ich reise nach Rom! Noch heute reit ich. Ich erbitte dich von dem Kaiser, du Allersüßeste!" „Der Kaiser!" Ängstlich hangt Bolfriana an seinem Munde. „Ich fürchte mich vor ihm, er hat ein wildes, lauerndes Auge." Wittich fühlt ein Erblassen. Der alte Frauenjäger soll vor nichts zurückschrecken. Er faßt den Mimung in der Riesenfaust und hält ihn vor sich hin.

„Ohne Sorge, Bolfriana, ich halte dich mit diesem Schwerte gegen Kaiser und Kanzler!"

„Held!" flüsterte die Jungfrau, aus einer einsamen Jugend in einer überlebensgroßen Gedankenwelt lebend. Und selig läßt sie sich dem Arm des nordischen Riesen, stammelt Worte, die allerorten gleich sind in ihrer holden Nichtigkeit.

W. Jansen

er Côte-Wein, den der Alte mit gastfreundlicher Freigebigkeit einschenkte, machte mich lustig, und der feurige Vaux-Wein, den er zum Nachtisch brachte, jagte mir eine solche Hitze in die Adern, daß, wenn ich mich inwendig besah, es mir vorkam, als glühten mir die Alpen im Kopfe.

Wir hatten endlich abgespeiset.

„Nun solltest du", sagte der Alte zu Mimili, „mit dem Herrn Ritter noch einen Gang bis zum kleinen Sturzbach machen; beim Abend nimmt sich der schwarze Felsenkessel, in den das Bächlein — lauter Schaum — silberweiß herabstürzt, gar wundersam aus. Ich bin müde und werde mich niederlegen. Bleibt nicht zu lange aus, Kinder; denn es ist schon spät."

Ich entgegenete halb im Scherz, halb im Ernst, daß es gewagt sei, das Mädchen mit mir allein gehen zu lassen.

Er aber lächelte und sagte mit mildem Ernste: „Dem Manne, Herr Ritter, dessen Brust euer König mit dem Kreuze geziert hat, dem kann ein ehrlicher Vater seine ehrliche Tochter wohl anvertrauen, bei Tag und bei Nacht."

Der Alte hatte gut reden; er stand in den Sechzigern und hatte an dem Ryf-, dem Côte- und dem Vauxwein nur immer genippt, den ich, im Durst und in der Freude, mit vollen Zügen getrunken hatte.

Wir wünschten dem Vater gute Nacht und gingen.

Der Abend war warm und lieblich. Alles schlief in heiliger Stille rund um uns her. Des Taues kühlende Frische netzte die Matten, ihre balsamischen Wohlgerüche wehten uns leise Lüftchen entgegen, und in der Ferne rauschte der Sturzbach. Vor uns aber, hoch oben im schwarzen Dunkel des Nachthimmels glänzte das Haupt der ewigen Jungfrau in rosenfarbener Pracht. Noch hat sich kein Pinsel an die Darstellung dieser magischen Beleuchtung gewagt, wie sollte es meine schwache Feder! Die Glut des Abendrots hatte sich verzogen; nur ein leichter, matter Schein schimmerte im Westen, und von diesem spielte das Licht wunderbar wieder in den höchsten himmelanstarrenden Eiszacken der Jungfrau, die das Feuer der hinuntergesunkenen Sonne gleichsam aufgesogen zu haben schienen und nun im blassen Rosaflimmer leuchteten.

Ich stand im Anstaunen dieser mir ganz neuen Naturszene verloren, und Mimili hing, den Blick auf die rosene Jungfrau geheftet, schweigend an meinem Arme.

„Laßt uns nicht in den Felsenkessel gehen", flüsterte sie leise; „es ist dort kalt und schauerlich, schwarz und finster; kommt dort, wo der viele Klee blüht auf die Bank, da ist es freundlicher und milder."

Wir setzten uns und kosten ein seliges Stündchen miteinander. Sie war so gut, so traulich, so herzlich hingegeben, daß ich oft wähnte, einen lebendigen Engel im Arm zu haben.

Ich mußte ihr — bloß um des Vaters willen, sagte die kleine Schlange — versprechen, morgen noch nicht zu reisen, und nun erst ward sie das naive, fröhliche Kind wieder, das mit tausend Lust und Liebe scherzte, sprach und küßte. Ich mochte — besinnen kann ich mich nicht mehr genau, wie, aber des Weines

Tosen brauste mir in der unheimlichen Brust, wie der Sturzbach im schwarzen Felsenkessel, — ich mochte einen kühnen
Seitensprung über die Grenze gewagt haben, da faßte sie mir
beide Hände und drückte sie gegen das samtne Mieder und
sagte mit einer Weichheit, in die da drüben das ganze Urgebirge
des Erdballs hätte verschmelzen mögen, „tut nicht also, Herr
Ritter; ich bin ein schwaches Maidli und ihr ein starker Mann,
dem der Vater das Maidli vertraut hat." Sie schlang ihre Linke
um mich und drückte mit ihrer Rechten das eiserne Kreuz an
ihre Lippen, wie eine Gläubige, im Drange der Gefahr, ihr Amulett. — Gott nur und seine Jungfrau in den Wolken waren Zeu-
gen, wie blutsauer mir das Entsagen ward; ich saß auf der Gra-
nitbank wie auf einem glühenden Roste.
Jetzt fühlte ich erst, was für einen ungeheuern Riegel mir der
Alte mit seinem Kreuze vorgeschoben hatte.

H. Clauren

Sie zerrten Eva mit sich.
  „Vorwärts!"
Sie sah noch die entstellten Züge Lamarnottes, seinen
Blick, der sie mit einem Mal haßerfüllt streifte. Der von ihr
nichts mehr zu wissen schien, als daß sie eines deutschen Vaters
Kind sei. Der sie hergebracht hatte, französischen Triumphen
beizuwohnen, und sich nun unmenschlich zu rächen getrieben
fühlte, an ihr. Seine Priesterschaft, sein Menschentum, alles
schwieg in ihm; er war nurmehr Franzose, und sie war verloren. Er hatte sie gewarnt. Man zwang ihr ein Gewehr in die
Hände, stieß sie eine Treppe empor, in den Hinterhalt der Fenster, zwischen denen man sich duckte, mordbereit den Finger
an der Waffe. — Man atmete kaum. — — —
Das Schießen hatte aufgehört — schon lange. Es war still, toten-
still. Da — ein Ton! — ein lauter wirbelnder Ton, taktmäßig
fest, ein Schritt, starkaufschlagend, wohl vertraut aus Kinder-
tagen, der deutsche Militärschritt. Er riß Eva empor, sie hörte
ihn — sie empfand ihn, als er noch ganz fern war; er raunte zuerst wie das Nahen einer Verheißung, er schwoll an, er rauschte

auf, er kam — kam — da sah man auf sie und riß sie wieder nieder, neben ihr war der Abbé, das Gewehr in der Hand. — Sie aber lauschte weiter hinaus, diesem Ton aus dem Vaterlande, der da heranflutete wie Vaters Ruf, wie Gericht, wie Befreiung, der da mahnte, gebot, der da fragte: „Was tatest du? Wo warst du? Ich hole dich in meine Reihen, lebend oder tot. Unser bist du, unser bleibst du." Ihre Augen weiteten sich. Sie lächelte ins Leere hinaus. Sie sah aus wie Sibille Madeleine in der Kirche, wenn eine Vision sie emportrug, daß sie Gott zu schauen schien. So schaute Eva in dieser Stunde zum ersten Male des Lebens Inhalt — sich selbst, das Vaterland. Schranken stürzten ein, ihre Schleier zerrissen; sie fühlte des Menschen Zusammenhang mit Dingen, von denen es kein Sich-losreißen gibt.

Truppen ziehen in die erste eroberte Stadt im Feindeslande, Massen von Infanterie, Kavallerie, schon in der Ferne sichtbar, in Kakiuniformen, die Helme überzogen, stehen deutsche Grenadiere, Gewehr bei Fuß, in Lüttich. Den Maasquai geht's entlang. Über verwüstete Brücken, den öffentlichen Gebäuden zu, Regiment um Regiment. An — Häusern vorbei, dicht besetzt mit Menschen und — — an seltsam leeren Häusern! An totenstillen — ausgestorbenen Häusern. Immer näher — der alte, mahnende Ton — der deutsche Schritt im dröhnenden Gleichklang — näher — näher, zu der leeren Ferme Morantin. Voran seinem Regiment reitet der Oberst Hans von Weckrode, den linken Arm, der leicht verwundet ist, in der Binde, sonst stramm zu Pferd, eine Führergestalt. Die ernsten blauen Augen geradeaus gerichtet, den Helm tief in der Stirne, als Sieger voran! Alle Gefahr ist für heute vorbei. Wir reiten an leeeren Häuserreihen hin. Da — links von ihnen — was — was ist das? — Die Ferme Morantin. — Aus dem einen der Fenster dieses niederen Hauses ertönt ein Schrei, entsetzlich, kaum menschlich, ein ringender, klagender Ton. Alles stutzt, blickt auf. Vor aller Augen stürzt sich jemand von diesem Fenster herab, dem anrückenden Regiment gerade in den Weg.

„Zurück! Zurück! Franktireurs! Sie schießen auf dich!"

Es ist ein junges Geschöpf, — ein Weib! Und schon prasselt von oben die meuchlerische Salve. Rauchwolken wirbeln um die

Retterin, die blutend zusammensinkt. Sie hat mit ihrem Leib die Deutschen gedeckt, da liegt sie — von den Hufen der Pferde getroffen. In Rauch und Staub sieht der Offizier eine Minute lang ihre Züge, ihre blauen Augen, sieht sie da hingemäht liegen. Der ganze Zug hat gestockt. — Die Soldaten umringen sie, sie stürmen schon die Ferme, um furchtbar Gericht zu halten.

Weckrode hat sich mit der Hand an die Stirne gegriffen, ist vom Pferde gesprungen, kniet neben dem Mädchen, das die Augen aufschlägt, seine Augen.

„Vater, ich sühne!" Sie stammelt es röchelnd, sie erhebt die Hände. „Vater ich bin dein — laß mich sterben — bei dir."

Und während im Hof der Ferme sich kurz und schrecklich eine Exekution nach Kriegsrecht vollzieht und ein französischer Priester, der sich zum Morden bereit erklärte, stirbt, während Tausende atemlos vor einer Tragödie stehen und nicht zu fragen wagen, nicht zu begreifen wissen, hält Herr von Weckrode die Tochter an seinem Herzen, das wund um sie gewesen so viel Jahre, und sieht sie an, wie im Traum.

„Du — du. Dich gibt sie mir wieder, die feindliche Fremde, an ihrer Schwelle grüßt mich verlorenes Glück. Ich will nicht fragen, nicht richten, du sollst nur leben, uns wiedergeboren, dem Vater, dem Vaterlande. Ich lasse dich nicht sterben, meine Tochter." Auf seinen Armen trägt er sein blutendes Kind zurück in deutscher Waffen treuen Schutz.

E. Gräfin Salburg

Er legte den Arm um sie und hielt sie fest. Und sie fühlten sich beide stark und sicher.

Alles, was sie in ihren Sinnen getragen hatten während der Trennungszeit, sagten sie sich, und selbst das Unwesentliche wurde ihnen zur Bedeutung, weil es in ihrem Munde einen Klang gewann, der die Liebe zum anderen hindurchzittern ließ; nur mit dem Schwersten hielt Karl Twersten noch zurück.

„Heute morgen", sagte er, „bevor ich dein Telegramm erhielt, wußte ich schon, daß der Tag ein Sonntag für mich würde. Er führte sich ein mit einem Auftrag für die deutsche Flotte, dem ersten Auftrag für das Deutsche Reich."

„O du — daß das heute kommen mußte!"

Nichts vermochte sie sonst zu sagen. Aber sie preßte seine Hände mit aller Kraft und sah ihm mit freudefeuchtem Blick in die Augen.

„Du brauchst dich nur zu nahen, Ingeborg, und das Glück läuft dir als Quartiermacher vorauf."

„Diesen Tag müssen wir festlich begehen. Wollen wir auf der Elbe fahren oder über die Werft gehen oder — nein, du sollst es bestimmen."

„Festlich begehen —?" Er sann nach. „Ich wüßte wohl etwas, aber es ist kein Fest, sondern eine Feier. Es wird uns feierlich zumute werden, wenn wir es tun. Aber wir werden es im Leben nicht wieder vergessen."

„Dann wollen wir es tun, Karl. Denn eine große Erinnerung ist immer wie eine Weihe."

„Ich möchte — mit dir zusammen — hinaus in den Sachsenwald fahren, Ingeborg."

„Zu Bismarck?" sagte sie, und ihre Augen leuchteten auf.

„Er stirbt."

Und das Licht in ihren Augen erlosch.

„Das Sterben eines solchen Mannes erleben", sagte sie dann leise, „ist mehr als hundert Geburten erleben. Hier erst sind wir der Unsterblichkeit nahe."

Er sah sie lange an. Wie sie ihn immer wieder verstand! —

Vom Berliner Bahnhof aus bedurfte es nur einer halbstündigen Eisenbahnfahrt. Tiefer Abend war hereingebrochen, als sie Friedrichsruh erreichten. Hinter dunklen Mauern lag das Schloß. Nicht sichtbar den Blicken, aber erreichbar den Herzen der vielen, die, des heiligen Ernstes der Stunde voll, schweigend die Parkmauer umstanden. Dort lag der Riese, der für die strömende Fülle seiner Kräfte nichts Höheres auf Erden gekannt hatte, als der Eckart seines Volkes zu werden. Dort lag der Riese, der unberührt durch Liebe und Haß hindurchgeschritten war zu seinem Ziel, das das Ziel seines Volkes war. Umjubelt auf den Höhen, die sein Fuß betrat, wohin er sich wandte. Ehrfurchtgebietend in der Verlassenheit des Lebensabends, die so gewaltig war wie sein strahlender Tag. Immer der Größte unter den Großen. Im lauten Kampf der Welt und in der Weltabgeschiedenheit seines Sachsenwaldes, aus dem seine Stimme mahnend und warnend klang, wenn der Gang der Geschichte hastig am Kreuzweg den Weiser zu überrennen dachte. Da lag der Riese, mit seinem Gott allein. Schwer atmend stand Twersten am Portal. Er fühlte Ingeborgs Hand in der seinen.

Ein Diener kam aus der Pforte und lief eilig und verstört zum Bahnhof. Hundert gemurmelte Fragen hinter ihm drein.

„Es geht zu Ende . . .“

„Herrgott, es geht zu Ende.“

„Es ist nicht möglich! Ein Bismarck darf nicht sterben!“

„Seid stille . . . Stört ihn nicht.“ — —

Und die Schatten der Nacht sanken tiefer herab auf die schauernden Bäume des Sachsenwaldes.

Wieder lief ein Diener den Weg. Heißes Flüstern neben ihm, hinter ihm, um ihn her.

Der Mann schüttelte nur den Kopf. Als er sprechen wollte, war es nur ein Schluchzen. Da winkte er: „Noch nicht — —“

Und die Menschen falteten die Hände und sprachen nicht mehr. — Lautlos bog Twersten in einen Waldpfad ein. Ingeborg ging leise neben ihm und sah ihn fragend an.

„Ich muß sein Fenster sehen. Dann bin ich ihm noch näher. Es gibt eine Stelle, die es gestattet.“

Und sie gingen den Weg die Bille entlang, durch einen Dom dunkel geisternder Buchen und Fichten, und fanden den Platz in der tiefen Nacht. Hell leuchteten aus der Ferne die Fenster des Schlosses und wiesen dem Tode den Weg. Der dort sterbend lag, hatte sich nie versteckt.

Ganz einsam standen die beiden Menschen und schauten hinüber. Eine Erschütterung ging durch Twerstens Körper, und die Ergriffenheit lag lastend auf seinem Gesicht.

Ingeborg gewahrte es, trotz der Dunkelheit.

„Still“, sagte sie, „er stirbt nicht. Da sein Werk weiterlebt, lebt er mit ihm. Denn er ist sein Werk.“

„Und wenn — sein Werk — in die Hände von Pfuschern gerät?“

„Dann ist es ja ein ganz anderes. Sein Werk streicht kein Mensch mehr aus.“

Er nickte langsam vor sich hin, und der Atem ging ihm leichter.

„Dich bedrückt etwas, Karl. Ich fordere wie immer meine Hälfte."

Er blickte starr auf die Fenster des Schlosses. Was mochte in dem Manne dort, dem der Tod ehrfürchtig die Grußhand hinstreckte, vorgehen, wenn er an sein Erbe dachte. — —

„Ich denke an meinen Jungen, Ingeborg."

Im Nachtwind seufzten die Bäume auf, und ein Tierschrei kam aus weiter Ferne.

„Dein Junge, Karl, wird gestärkt an Leib und Seele heimkommen. Traust du deiner Art so wenig?"

„Er ist nicht meine Art allein. Ja, wenn er auch der deine wäre!"

„Karl", entgegnete sie leise. „Er ist es durch dich geworden. Ich nehme ihn feierlich an. Und meine Wünsche sollen bei ihm sein und ihm helfen, daß er wird wie du."

„Wie ich? Ich weiß fast nicht, ob es gut und glücklich ist. Die mir am nächsten stehen sollten durch Familienbande, haben mich verlassen, weil meine Nähe sie am Glücklichwerden zu hindern schien."

„Robert wird wiederkommen, und — —"

„Nein, die andere nicht."

Das Wort kam ruhig und fest. Und der Wald nahm es auf und gab es im Echo wie eine Bestätigung zurück.

„Ich werde dich nie verlassen, Karl."

„Ich halte deine Seele mit beiden Händen."

„Das brauchst du nicht. Sie bliebe, und wenn du sie fortschicken wolltest. Denn nun gehört sie einmal zu dir."

Er reckte sich jäh auf. „Hörtest du nichts?" Und sie horchten mit angehaltenem Atem.

„Was war das für ein Ton —? Wie ein Sprung im Glas —. Noch immer —. Als ging es durch die ganze Welt. Ingeborg!"

Schulter an Schulter standen sie und starrten nach dem blinkenden Fenster des Schlosses. Noch einmal zuckte das Licht wie ein funkelnder Blitz durch die Nacht. Dann war es abgeblendet. Die Läden schlossen sich in kreischenden Angeln. Und alles lag von der Finsternis aufgesogen.

Bismarck war entschlafen. — — —

Noch immer horchte Twersten angespannt in die Nacht. Als müsse jetzt ein Unfaßbares, ein Überwältigendes kommen und sich mit wilder Wucht auf die Erde werfen. Nur ein Rauschen lief wie ein Weinen durch die Wipfel. Dann zog der Mond auf und beleuchtete die Landschaft, die dalag, wie sie immer dagelegen hatte.

Ein Mensch war weniger!

Bismarck hieß er, Bismarck! Und hatte die Welt mit seinem Namen erfüllt, daß in Jahrhunderten noch die Heldensage von ihm erklingen würde als Fest- und Jubellied der Deutschen!

Ein Mensch war weniger.

Bismarck! Bismarck!

Und mußte sterben, wie alle Menschen starben. — —

Die Kirchenuhr eines nahen Dorfes schlug die elfte Stunde. Und die Uhr ging weiter.

R. Herzog

ier feurige Rappen schäumten vor dem hohen, zweiräderigen Wagen, auf welchem Graf Janek Dynar stolz, strahlend wie ein junger Sonnengott, über das Pflaster des Schloßhofes donnerte. Hoch droben auf dem luftigen Sitz thronte er in der Galauniform des Garde-Kürassier-Regiments, bei welchem er sich Sporen und Epaulettes verdient hatte, anzuschauen wie Helios, der Sonnengott, welcher in blendender Pracht, auf Siegesbahnen das Weltall durchstürmt; auf seinem Haupt blitzte der Helm, über welchem der silberne Adler seine majestätischen Schwingen ausbreitete.

Kerzengerade stiegen die Rappen empor und bäumten auf wider die männliche Kraft, welche sie mit kurzem Ruck vor der Treppe zusammenriß. Graf Dynar warf die Zügel dem hinter ihm sitzenden Groom zu, erhob sich und senkte grüßend die Peitsche vor Xenia, dann winkte er lachend Dank nach allen Seiten. „Grüß euch Gott, meine Getreuen von Proczna!" — und abermals erbrauste ein nicht endenwollendes Hurra, wie brausende Meeresflut drängte es sich näher und wogte um das Gefährt. Wie berauscht von der ritterlichen Schönheit ihres jungen Gebieters hoben sich ihm die Hände entgegen, wirbelten Laub und Blüten gleich einem Sprühregen um seine Brust. Jetzt erst rollte die zweite Equipage in den Hof, welche die Herren des Gerichts brachte.

Unverändert, bleich und regungslos stand Xenia, unnatürlich groß und starr haftete ihr Auge auf — dem Polen.

So hatte sie ihn nicht erwartet, so nicht.

Sein Anblick griff ihr wie eine kalte Hand an das Herz; ja, sie hatte verspielt, das fremde, niedrige Reis war bereits eins geworden mit dem edlen Stamm, dessen Wurzeln so tief in deutschen Boden schlug, — das polnische Blut hatte sich gefärbt, schäumte hinter einer Stirn, über welcher Preußens Königsadler als köstlich Bannerzeichen schwebte.

N. v. Eschstruth

Auf der weißen Straße in Tale ritt Heinrich von Susenhart, der Freiherr, und hinter ihm sein Bursche. Aber ihm zur Seite ging Wiltfeber
Der Freiherr war der letzte seines Geschlechtes und unvermählt: auf seinen zwei blauen traurigen Augen stand die Linie. Über schrägen Schultern saß, leise nach vorn geneigt, der schmale blonde Kopf: die blaugeäderten Schläfen, die feingeflügelte Nase, der beschnittene Schnurrbart mit aschblonden abgeschossenen Haaren, die bleichen Lippen, die durchscheinenden Ohren, der dünne Hals — alles das zeigte die zu weit getriebene Verfeinerung. Die schlanke Gestalt mit den dünnen Gliedern, im grauen Reitanzug mit kunstvoller Halsbinde, die Waden in Stulpen, die Hände in schön genähten Handschuhen, erinnerte an Gläser aus geschliffenem kostbaren Flusse, herrlich zum Zieren und Beschauen, aber zu fein und zu schön, um täglich gebraucht zu werden.

Über der Blanke, am dunkeln Walde, lieblich unter uralten Bäumen stand Schloß Susenhart. Dorthin ging der Ritt.

Aber Heinrich sprach zu Wiltfeber, seinem Freunde: „Es ist ja eigentlich kein Fest, kein frohes Feiern, sondern ein Beißen und Reißen um Eichenkränze aus Leinen, Lack, Draht und be-

123

druckten Bändern. Warum willst du da mittun? Zum Beweise, daß du, obwohl ein Geistiger, ein reiner Denker, doch körperlich ersten Ranges bist, befähigt, veranlagt und ausgebildet, wie selten einer? Aber das sieht man ja! Oder willst du nach den Gesinnungen und Meinungen der Turner schauen, die Denkart der Einfachen wieder einmal prüfen und nachher vergleichen mit der Weise der Gebildeten, welche zur Schulfeier kommen? Es sind wenig völkische Leute unter den Turnern, die meisten gehören zur Menge. Und es müßte sonderbar zugehen und ich müßte meine Landsleute schlecht kennen, wenn sie nicht Kniffe und Pfiffe finden würden, dir deinen Kranz vorzuenthalten.

Wenn man herkommt, wo du, lebt, wie du, aussieht, wie du, denkt, handelt, redet, fordert, wie du es tust, so ist man in diesem Lande verloren, wie ein Vollbluthengst unter Kosakengäulen.

Sie hassen dich nicht um dein Wissen, deinen heimlichen kommenden Ruhm, nicht um deines hohen Wollens willen, beneiden dich nicht um deine Freunde und Feinde, sondern um deines Wesens willen hassen sie dich: dein Blut! — Du bist anderer Art als sie, so gut wie ich. Wir sind verloren, Mart, wir *Blonden:* du weißt, was ich meine, wenn ich ‚blond‘ sage. Das begreift mehr in sich als eine Haarfarbe.

Wir sind im *Blondenviertel,* wir, in dieser Zeit; genauso, wie die Juden im Judenviertel waren im Mittelalter. Und heute hat es mehr echte Juden im Lande als echte Blonde: Die Gelehrten zählten es wissenschaftlich bei den Aushebungen.

In Schönheit zu sterben ist alles, was uns übrig bleibt, wie abgenutzt und bühnensprachig der Ausdruck auch klingen mag . . .

Es gibt einen Zustand der öffentlichen Meinung, des öffentlichen Gewissens, welcher bestimmte Werke des Schrifttums, der Kunst, der Musik ausschließt.

Es gibt aber auch einen Zustand der gesellschaftlichen Ordnung, welcher bestimmte Menschen vom Anteil am fürsorglichen Leben ausschließt. Früher traf es die Juden; heute und morgen trifft es uns, die Blonden.“

H. Burte

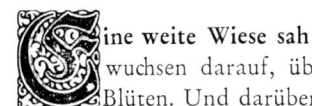ine weite Wiese sah sie im Traum; zwei hohe Büsche wuchsen darauf, über und über bedeckt mit weißen Blüten. Und darüber sah sie, in den Lüften schwebend, ihrer Heimat Namen. Nein — sie sah das nicht: ein sanfter Klang nur war das Wort.

Und die Blüten waren viele, viele weiße Lilien. Lähmende Angst faßte sie — dann eine stille, wehmütige Ruhe.

Sie fühlte: aus der Heimat wob sich das wehe Bild, und die Heimat war sie, war die Mutter. Aus grüner, frischer Jugend wuchsen zwei Büsche — ihre Söhne, ihre beiden herrlichen. Und trugen Lilien des Todes.

Aber sie blühten und leuchteten im heiligen Licht, wiegten die Blumenköpfe, lebten, lebten dennoch, hinaus über allen Tod.

— — —

„Horst, Horst!" flüsterte die Mutter. Sie saß am Schreibtisch ihres Mannes, schob den Brief zur Seite, den sie eben geschrieben hatte — an einen Kameraden ihres Jungen. Sie dachte: soviel Tausende kämpfen in der S. A. — warum mußte es *ihn* treffen, gerade ihn, den Besten? Wie dumm, wie blöd, wie feig ist doch das Schicksal!

Sie wußte gut, unentrinnbar ist es, grausam und hart — was nutzt da alles Hadern?

Schicksal — gab es denn ein Schicksal? Eines, das blind ist und taub, ein fernes, unnahbares Bild mit steinernem Herzen, bar jeden Gefühls für das maßlose Weh gequälter Menschenkinder —? Sie seufzte tief; ihr Blick fiel auf die Predigtbücher ihres Mannes. Sie fühlte: eine Gottheit gibt es, gibt einen Gott —.

Was da stand in den Büchern, das kannte sie gut; so manchen der Predigten hatte sie gelauscht, wenn sie vor der Kanzel saß, oft genug die andern gelesen. Und sie wußte: was er sprach, das waren nicht schöne Redensarten, klingende Sätze — das waren Worte, die tief aus seinem Herzen kamen. Aus dem Herzen des Mannes, dessen starken Glauben sie teilte, des Mannes, den sie liebte und nie vergessen würde im Leben. Aus dem Herzen des Vaters von Horst und Werner —.

Sie nahm eins der Bücher, suchte nach einer Stelle, fand sie bald: ‚Nichts geschieht vergebens', las sie, ‚Gott weiß, was er will.'

Dann, dann war auch das, was geschah, nicht vergebens ge-schehn? Dann geschah es aus tiefstem Ratschluß des Ewigen und geschah zu einem Zweck und zu einem guten Zweck. Denn der Gott, der ihre Seele erfüllte, der Gott, den ihr Mann pre-digte und lebte — der war ein guter Gott! Zweck, Absicht — was konnte das sein? Aber ehe sie noch begann, darüber nach-zugrübeln, sah sie leuchtend und hell einen Satz. Wie im Traum war es: nur dem Gefühl begreifbar schwebten klingende Worte vor ihren Augen, hüllten sie ein in zarten Nebel, nahmen Besitz von ihrem ganzen Sein. Ja, ja, das war die Antwort:

„Damit Deutschland lebe — darum mußten sie sterben!"

H. H. Ewers

Schöpfers Meisterwerk

ie hielten ihre Hände ineinander und sprachen recht eifrig über Dinge, auf welche gar nichts ankam in ihrer Lage. Sie sprachen von der Erfindung des Schießpulvers, vom Gesetz der Schwere, vom Kompaß und der Magnetnadel, worüber sie schnell abbrachen, um nur immer wieder auf Neues zu kommen. So verrann die Zeit, aber das Entzücken Cäsars stieg. Wallys Hand nahm er und legte sie sanft auf die Lehne des Sofas, um sie als Kopfkissen zu brauchen. Sie lächelte dazu und warf ihm das ganze Polster ihres elastischen Körpers, sich selbst in aller ihrer Anmut nach. Sie hielt ihn umschlungen, während sie unwillig glaubte, daß er es täte. Ihre nur leis aufgesteckten Locken nestelten sich los und küßten Cäsars brennende Wangen. Die langen Augenwimpern senkten sich majestätisch sanft auf die bläulichen Ultramarinringel, welche unter dem Auge so viel Leidenschaft verraten. Dieses Herablassen des Vorhangs, dieser Fensterladenschluß der Weiblichkeit, diese Verhüllung ist das reizende Gegenteil dessen, was sie scheint, weil sie nur allmähliche Entwaffnung ist. Es ist das Sinken des Tages, der aufsteigende Stern, dessen feuchte Strahlen die Kronen der Blumen auflockern und die Kelche erschließen, während die Kelche zu schlafen scheinen. Cäsar umarmte Wally mit glühendem Entzücken und rief aus: „O Wally, ich will nicht grausam sein! Ich eile allem zuvorzukommen, was sich auf deiner Lippe zu Tode ängstigt und gern sprechen möchte. Ich dringe nicht auf den Besitz dieses göttlichen Leibes, dessen Seele mich stets umhauchen wird. Aber — o Gott!" —
„Was ist? Cäsar! sprich! fordre! Alles! alles!"
Cäsar sann und war wie von einem unbekannten Gefühle ergriffen. Er strich mit der Hand über seine Stirne und sagte dann leise mit sanften und zärtlichen Worten zu Wally: „Sie werden reisen: ich auch. Wir werden uns in vielen Jahren nicht wiedersehen. Da gibt es ein reizendes Gedicht des deutschen Mittelalters, der Titurel, in welchem eine bezaubernde Sage erzählt wird. Tschionatulander und Sigune beten sich an. Sie sind fast noch Kinder: ihre Liebe besitzt die ganze Naivität ihrer jugend-

lichen Torheit. Ich spreche nicht von Tschionatulanders Tod, weder vom treuen Hunde, der aus der Schlacht die tragische Botschaft bringt, nicht von Sigunens Klage, wie sie den Leichnam des Geliebten im Arme haltend unterm Baume sitzt, wo Parzifal an ihr vorüberkömmt im Walde, nicht von dem Edelstein unserer deutschen mittelalterlichen Dichtkunst. Nur jener Zug ist so meisterhaft schön, wo Tschionatulander, als er in die Welt hinaus muß und sein treues Windspiel klug zu den beiden Liebenden hinaufsieht, Sigunen anfleht, um eine Gunst —"

Cäsar stockte und sprach dann leise, mit fast verhaltenem Atem: „daß Sigune, um durch ihre Schönheit sie gleichsam fest zu machen, wie der magische Ausdruck der alten Zeit ist, um ihm einen Augenblick zu hinterlassen, der Wunder wirkte in seiner Tapferkeit und Ausdauer, — daß Sigune — in vollkommener Nacktheit zum vielleicht — ewigen Abschiede sich ihm zeigen möge."

Wally betrachtete Cäsar einen Augenblick. Dann erhob sie sich stolz und verließ, ohne ein Wort zu sprechen, das Zimmer. An ihre Rückkehr war nicht zu denken.

Cäsars Antlitz zeigte einen schmerzhaften Ausdruck. Er hatte das Höchste bewiesen, dessen seine Seele fähig war, die kindlichste Naivität, eine rührende Unschuld in einer Forderung, die empörend war; aber die Scham, die erst in ihm aufglühte, verschwand vor seinem Stolze, so edel und rein erschien er sich. Sie ist ohne Poesie, sie ist albern, ich hasse sie! stieß er heftig heraus, trat zornig mit dem Fuße auf, lauschte und verließ, da er nichts als den Schlag der Pendeluhr im Nebensaale vernahm, mit unwillkürlichem Geräusch das Zimmer und das Hotel. Er schwur, es niemals wieder zu betreten.

K. Gutzkow

Als die enge Kammer sich mit jungem Licht füllte, als die junge Schwalbenbrut über den Fenstern — es war schon die zweite des Sommers — zwitschernd und schwatzend ihre Flugübungen begann, da wurde die vorlaute Stimme bescheidener, und die andere sagte zuversichtlich: „Kopf hoch, Hinrich Lohmann! Nicht wanken und nicht weichen! Es muß sich alles zum besten wenden."

Da stieß er die Decke mit den Füßen von sich, sprang auf, kleidete sich schnell an und stieg zum Fenster hinaus. Den Hof hinter sich lassend, ging er in die nebelumhüllten Wiesen, zu dem Kolk unter der Schleuse, wo er nach heißen Sommertagen zu baden pflegte. Er begann sich auszukleiden. Um ihn kämpften die Nebel mit der Morgensonne um den Tag. In dem Wiesentale hatten sie noch ihren stärksten Rückhalt. Als er nun das letzte Kleidungsstück von sich geworfen hatte, sah er plötzlich seinen Körper weiß aufleuchten. Die Sonne hatte gesiegt. Glühend in Urschöne stand sie über einer fernen Heidehöhe, und die geschlagenen Heere der Nacht waren in vollem Rückzug. Da tauchte er die Augen, die so lange in das schwarze Dunkel der Nacht gestarrt hatten, tief in des Morgenlichtes Feuergluten, und dann ließ er die geblendeten Blicke an seinem im jungen Licht leuchtenden, jugendstarken Körper, des Schöpfers Meisterwerk, hinabgleiten, und die trüben Nachtgedanken flohen mit den Nebeln davon, und sein ganzes Wesen durchströmte wie ein feuriger Strom ein hohes Lebensgefühl, ein Gefühl grenzenloser Verwunderung, Freude, Kraft, Anbetung.
Aus dem Kolk sprühte ein Diamantregen empor. Er hatte sich mit einem Kopfsprung ins Wasser geworfen, das nun mit eisiger Kühle wie ein eisernes Band sich um seine Glieder legte. Aber durch kräftige Schwimmbewegungen besiegte die Lebenswärme des jugendlichen Körpers die starre Kälte des Elements. Als er nach einigen Minuten wieder ans Land stieg, schüttelte er die blinkenden Tropfen von sich und kleidete sich schnell an. Dann ging er mit festen Schritten nach Hause und machte sich an seine Arbeit, wie jeden Morgen. Die Dienstboten, die ihn scheu von der Seite musterten, merkten ihm nichts Besonderes an.

D. Speckmann

r saß spät am Abend im Rahmen seines Fensters, das der Mond nicht erleuchtete, und blickte im stillen Rausch seiner Sehnsucht über den Garten seiner Freundin nach der offenen Alster hinaus. Da nahte sich ihm aus dem Dunkel des Raums die Frau, die ihn verstand, und legte ihre Hand auf die seine, ebenso gütig und besorgt wie damals, als er um sie warb.

„Ist es denn so schwer?" fragte sie, indem sie ihm jedes Geständnis, wie das nun alles gekommen sei, ersparte.

Er sah sie dankbar an. Und während er sie ansah, nickte er; denn die Sprache versagte ihm. Da strich sie ihm mit ihrer guten Hand über die Schläfe, und ihre andere Hand ließ nicht nach, auf der seinen zu ruhen, und sie drängte sich mit keinem Laut in seinen Schmerz; lange, lange, bis sie zugleich mit seiner Stirn auch den Weg der Worte geglättet zu haben schien.

„Sieh", sagte er endlich, „ich war so ehrlich damals, als wir uns in die Augen sahen; und nun soll es dennoch ein Verrat gewesen sein!"

„Kann nichts Schlechtes sein", tröstete sie und scherzte mühsam ein wenig, „wenn es meinem Gemahl eine Kraft und eine Freude und einen Flug gibt, wie ich noch nie an ihm gesehen. Soll ich ihn darum weniger lieben?"

Es war wieder wie damals, daß Albrecht fast erschrak und ihr erwidern wollte. Aber wie damals wehrte sie mit einem Schütteln ihres schönen Kopfes ab. „Nein —, es handelt sich um dich", sagte sie wie damals, und es war, als ob sie selbst gegen jede Erschütterung ihres Herzens gefeit sei.

Eine unaussprechliche Dankbarkeit und Ergriffenheit hieß ihn, sie stumm an sich zu ziehen, als er wie von einem Zauber getroffen innehielt.

Denn durch die regungslose Sommernacht flutete, wie ein Strom, der ihn suchte, das Licht von einer schimmernden weiblichen Gestalt zu ihm hinauf, die aus dem Dunkel des Nachbarhauses auf die helle Terrasse getreten war und nun auf schwarzen und weißen Fliesen am Rand in den Garten hinabführender Stufen stand. Es war Joie. Ein schweres seidenes spanisches Tuch von mild-gelblichem Weiß, das sie in einem unnachahmlichen Griff gerafft hielt, umfloß ihren rankenhaft kraftvollen Leib und vertiefte durch seinen Glanz das warme Braun des Gesichts, des leichten Nackens und der Hand fast zu einem indischen Dunkel. Sie wußte ohne Zweifel nicht, daß sie beobachtet wurde, noch konnte sie auch nur die Nähe ihres Freundes ahnen. Denn Albrecht hatte ihr am Morgen jenes Tages, als sie sich nach ihrem Ritt trennten, gesagt, er würde mit Octavia für die Nacht einer Einladung ihrer Eltern auf ihr Landgut folgen und aus diesem Grunde am folgenden Tage nicht zu dem gewohnten Frühritt kommen. Erst Octavia hatte ihn bestimmt, in der Stadt zu bleiben, damit ihm die Freude seines Morgens nicht entginge.

Ohne daß sie sich zu rühren wagten, hingen Albrechts, hingen Octavias Blicke an einem wundervollen Schauspiel, das sie Hand in Hand erleben sollten. Lange stand auch Joie ohne Bewegung und blickt in den Mond, dem sie voll zugewandt war. Aber das Leben einer inneren Erregung wellte über ihren Körper, und sie war nicht um des milden Mondes willen hier herausgetreten, sondern zu irgendeiner Befreiung, zu einem Siege vielleicht. Ein Blitzen war in ihren Augen, und sie preßte Lippen und Zähne aufeinander, damit sie das Jauchzen nicht verrieten, das aus ihrer Brust zu ihnen emporstieg. Da machte sie plötzlich das Tuch an ihrer Hüfte fest. Und wie zu einem wunderbaren Raub hob sie die Arme strack empor in das zauberische Dunkel, spreizte die Finger weit zum Griff und riß sich zwei Hände voll Nacht heraus aus der Fülle, in der sie stand.

„Ah! wundervoll!" hauchte sie glühend und schien den Raub in ihren Händen im Spielen ihrer Kraft erwürgen zu wollen, „wundervoll!" Dann wendete sie sich und ging, während das Tuch von ihrer Schulter glitt, langsam hinein.

Albrecht wußte nicht, ob er einem Licht oder einem Lied gelauscht hatte, das von ihr ausging. Octavia aber erschauderte leise. Sie drückte kaum merklich seine Hand, die sie immer noch hielt. Dann ging sie. Sie ging; doch nicht wie eine Besiegte, sondern wie eine Königin, die eine fremde Königin gesehn; eine fremde Königin, welche sich zwei Hände aus der Nacht herausreißen und mit in ihre Kammer nehmen durfte.

R. G. Binding

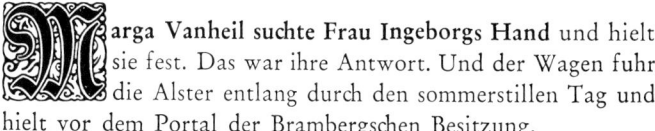 arga Vanheil suchte Frau Ingeborgs Hand und hielt sie fest. Das war ihre Antwort. Und der Wagen fuhr die Alster entlang durch den sommerstillen Tag und hielt vor dem Portal der Brambergschen Besitzung.

„Ich will mich umkleiden", sagte Frau Ingeborg, „aber Sie dürfen zugegen sein."

Ganz still saß das große Mädchen auf einem Polster im Ankleideraum. Es war ihr so feierlich zumute, wie nie. Mit andächtigen Augen sah sie Frau Ingeborgs Schönheit, die stolzen, weißen Schultern, den von der Seeluft gebräunten Hals, den schlanken, schmiegsamen Arm. Sie spürte plötzlich Tränen und ein unerklärliches Sehnsuchtsgefühl, das in die Ferne langte und nicht aus noch ein wußte. Und durch ihren Mädchenkörper lief es heimlich wie ein warmer Strom, der Erwartung und Bangen war, und doch voll unfaßbaren Glückes.

„Närrchen", sagte Frau Ingeborg, beugte sich schnell über sie und küßte sie auf die andächtig lauschenden Augen.

Und nun hielt Marga Vanheil die Augen geschlossen, bis Frau Ingeborg angekleidet war. Aber das merkwürdig anschwellende Glücksgefühl blieb in ihr.

Im Wohnzimmer Frau Ingeborgs nahmen sie den Tee. Das ganze Hauswesen hatte pünktlich mit dem Eintreffen der Frau des Hauses eingesetzt, als hätte es nicht einen Tag in sommerlicher Ferienruhe gelegen. Geräuschlos und flink arbeitete das Dienstpersonal. Es war alles wie sonst.

R. Herzog

rüh, wenn die junge Sonne erwachte, kam er im Kimono aus seinem Zimmer. Ging in den Garten, den Weg, der an den Spalieren vorbeiführte. Ging in die Rosenbeete, schnitt Boule de Neige, Kaiserin Augusta Victoria, Frau Carl Drusky und Merveille de Lyon. Bog links ein, wo die Lärchen standen und die Silbertannen.

Auf der Brüstung des Teiches saß Alraune. Saß in schwarzem Seidenmantel, brockte Brotkrumen, warf sie den Goldfischen zu. Wenn er kam, flocht sie einen Kranz aus den bleichen Rosen, rasch und geschickt, krönte dann ihre Locken. Sie warf den Mantel ab, saß im Spitzenhemde, plätscherte mit den nackten Füßen in dem kühlen Wasser.

Sie sprachen kaum. Aber sie zitterte, wenn seine Finger leicht ihren Nacken rührten, wenn sein naher Hauch ihrer Wange schmeichelte. Langsam streifte sie das Hemd ab, legte es auf die Bronzenixe an ihrer Seite. Sechs Najaden saßen herum auf der Marmorbrüstung des Teiches, gossen Wasser aus Krügen und

134

Urnen, spritzten es in dünnem Strahle aus den Brüsten. Allerlei Getier kroch um sie herum, große Hummern und Langusten, Schildkröten, Fische, Wasserschlangen und Reptile. In der Mitte aber blies Triton sein Horn, um ihn prustete pausbackiges Meervolk mächtige Wasserstrahlen in die blaue Höhe.

„Komm, mein Freund!" sagte sie.

Dann stiegen sie in das Wasser. Es war sehr kühl und ihn fröstelte; blau wurden seine Lippen, und eine rasche Gänsehaut zog sich um seine Arme. Er mußte rasch schwimmen, um sich schlagen und treten, sein Blut zu erwärmen, sich anzupassen an die ungewohnte Temperatur. Sie aber merkte davon nichts, war in ihrem Elemente im Augenblick, lachte ihn aus. Wie ein Fröschlein schwamm sie herum.

„Dreh die Hähne auf!" rief sie.

Er tat es; da hoben sich nahe am Rande, bei der Galatea Bild, leichte Wogen an vier Stellen des Teiches. Wallten eine kleine Weile, überschlugen sich, wuchsen dann höher und höher. Stiegen auf, stark und gewaltig, steigend und fallend, höher noch als der Meermänner Strahlen. Vier leuchtende, funkenregnende Silberkaskaden.

Da stand sie, zwischen den vieren, mitten im schimmernden Regen. Wie ein holder Knabe, schlank, zart. Lange küßte sie dann sein Blick. Kein Mangel war in dem Ebenmaß dieser Glieder, kein kleinster Fehler in diesem süßen Bildwerk. Gleichmäßig war ihre Farbe, weißer Parosmarmor mit einem leichten Hauche von Gelb. Nur die Innenseiten der Oberschenkel leuchteten rosig, zeigten eine seltsame Linie.

,Daran ging Dr. Petersen zugrunde', dachte er. Beugte sich nieder, kniete, küßte die rosigen Stellen.

„Was sinnst du?" fragte sie.

Er sagte: „Nun will mich deuchen: eine Melusine seist du! — Sieh die Meermädchen rings — sie haben keine Beine; nur einen langen schuppigen Fischschwanz. Sie haben keine Seele, die Nixen, aber es heißt, daß sie dennoch manchmal ein Menschenkind lieben. Irgendeinen Fischer oder einen fahrenden Ritter. So lieben, daß sie hinauskommen aus der kühlen Flut, hinaus auf das Land. Dann gehen sie zu einer alten Hexe oder zu einem Zauberdoktor — — der braut widrige Gifte, die müssen sie trinken. Und er nimmt ein scharfes Messer und beginnt zu schneiden. Mitten hinein in den Fischschwanz. Es tut sehr weh, sehr weh, aber Melusine verbeißt ihren Schmerz um ihrer großen Liebe willen. Klagt nicht, weint nicht, bis ihr der Schmerz die Sinne raubt. Aber wenn sie erwacht — ist ihr Schwänzlein verschwunden und sie geht daher auf zwei schönen Beinen — wie ein Menschenkind. — Nur die Marken sieht man, wo der Giftdoktor schnitt."

„Aber sie bleibt *doch* eine Nixe?" fragte sie. „Auch mit Menschenbeinen? — Und eine Seele schafft ihr der Zauberer nicht?"

„Nein", sagte er, „das kann er nicht. — Aber noch etwas sagt man von den Nixen."

„Was sagt man?" fragte sie.

Und er erzählte: „Nur so lange sie unberührt ist, hat Melusine ihre unheimliche Macht. Aber wenn sie ertrinkt in des Liebsten Küssen, wenn sie ihr Magdtum einbüßt in ihres Ritters Umarmung — da verliert sich der Zauber. Keine Schätze kann sie mehr bringen und kein Rheingold, aber auch das schwarze Leid, das ihr folgte, meidet nun ihre Schwelle. Wie ein anderes Menschenkind ist sie von nun an —"

„Wenn es so wäre!" flüsterte sie. Sie zerriß den weißen Kranz ihres Hauptes, schwamm weg, zu den Meermännern und Tritonen, zu den Nixen und Najaden. Warf ihnen blühende Rosen in den Schoß.

„Nehmt sie, Schwestern — nehmt sie!" lachte sie. „Ich bin ein Menschenkind —"

H. H. Ewers

Sie nahm ihren Hut und den blauen Schal vom Tisch und machte mit gesenktem Kopf ein paar zögernde Schritte bis gegen die Tür, als warte sie noch darauf, zurückgerufen zu werden. Aber ich biß die Zähne zusammen und schwieg, während mir die Tränen schwer heruntertropften. Sie war stehengeblieben, schien sich zu besinnen. Plötzlich warf sie den Hut beiseite und lief mit einer stürmischen Gebärde bis dicht zu mir hin.

„Schick' mich nicht fort! Ich krieg' es ja nicht fertig. Und du ja auch nicht. Wir können uns ja doch nicht vergessen. Weiß Gott,

was das ist! . . . Da! Ich sehe ja die Tränen auf deinem Gesicht."
Sie war vor mir niedergekniet und wischte mir mit ihrer weichen Hand über die Backen, daß es mir durch und durch ging,
so sehr ich mich dagegen wehrte.

„Laß das!" knirschte ich und konnte zugleich nicht anders, als
einen Kuß auf diese leichte spenderische Hand zu drücken.

„Du brauchst dich nicht zu schämen", flüsterte sie. „Ich bin
auch kein Felsen. Meine Augen sind auch naß. Da! Fühle nur."
Sie führte meine Hand linde über ihre blassen, feinen Wangen, und ich fühlte die Tränen, die ihr aus den Wimpern rannen.

„Dirne!" murmelte ich. „Dirne! Mit wie vielen magst du schon
so geweint und gelacht haben!"
Sie lächelte fast ein wenig bitter und warf den Kopf zurück, daß
die Schlangenlöckchen sich phantastisch um sie ringelten.

„Nenne mich, wie du willst. Man kann sich ja nicht selbst ent-
gehen. Aber vielleicht hat unsereins schon mehr Glück in die
Welt gebracht, als so manche von den anderen, die tausendmal
besser und anständiger sind."

„Und auch millionenmal mehr Schmerz!" schrie ich auf.

„Ach, Schmerz und Lust, das geht in eins. Kannst du dir Tag
ohne Nacht denken? Erst beide zusammen geben das Leben."

„Karola!" stöhnte ich mit einem letzten, zitternden, ohnmäch-
tigen Versuch des Widerstandes. „Du weißt nicht, was du tust!
Du machst mich verrückt! Es geschieht etwas! Soll ich leiden
bis ans Ende aller Tage?"
Sie wehrte lächelnd ab und löste mit einer raschen Gebärde ihr
schon halb offenes Haar, daß es schlängelnd, züngelnd, glim-
mernd über Nacken und Schulter fiel.

„Du Ärmster, du! Du sollst nicht länger leiden. Du sollst glücklich sein. Wolltest du nicht, daß ich tanze, vorher? Jetzt fühl'
ich die Lust und Kraft. Schnell noch ein Glas! . . . So! Du sitzest
wie der Sultan in seinem Diwan und sollst deine Sklavin tanzen
sehen. Nur auf ein Weilchen die Augen zumachen."
Sie strich mir wie beschwörend mit der Handfläche über die
Lider, und ich tat, wie sie wollte. Es war wie eine Erlösung, die
Welt auf ein Weilchen versinken zu sehen und in das innere
Dämmerlicht hinabzutauchen.

„So! Jetzt, mein Gebieter!" rief eine süße, weiche, lachende
Stimme in meinen halben Traum. Ich öffnete beinahe verwun-

dert die Augen. Inmitten des gelben Saales, gerade unter der amorettenumschwebten Rokokovenus aus Tiepolos Schule, deren wiedergekehrtes atmendes Ebenbild sie war, stand Karola, so wie sie sich mir an jenem ersten Tage, heute vor drei Jahren, gezeigt hatte, und bewegte die nackten schimmernden Glieder in leichten wiegenden Schritten hin und her. Um die Hüften hatten sie den blauseidenen Schal gewunden, dessen dünnes Gewebe den ebenmäßigen Wuchs mehr verriet als bedeckte. Die schlanken biegsamen Arme hoben und senkten sich sehnend, lockend, betörend im Mazurkatakt über dem feingeschnittenen Kopf und den zart marmorierten Schultern. Von den Lippen summte eine schelmische, verliebte Melodie. So stand sie ein Weilchen, nur leicht sich wiegend, gaukelnd, schwebend, trällernd. Aber nach und nach kam Bewegung, Feuer in den gleitenden Fluß der Linien. Schneller und schneller begannen die zierlichen Knöchel umeinander zu wirbeln, fesselloser regten sich die Arme, hob sich der geschmeidige Leib. Die Melodie auf ihren Lippen erstarb. Nur noch der Rhythmus der befreiten Glieder, sprach, sang, jubelte Lust, Gewährung, Seligkeit. Mit einem heißen Seufzer brach sie dicht vor mir in die Knie.

„Wer mich haben will", flüsterte sie mit fliegendem Atem, „muß mich nehmen, wie ich bin. Polnisches Blut, mein Freund! Willst du mich nehmen, wie ich bin?"

„Dirne!... Weib!" stammelte ich und atmete noch einmal den schmeichelnden Duft ihres nackten Leibes, küßte zum letztenmal diese roten wartenden Lippen, zwischen denen der weiße Zahnschmelz wie ein mattglänzender Perlensaum schimmerte.

M. Halbe

Meine Heimat

Meine Hand griff in die Bände meiner reichhaltigen Bücherei, — da hielt ich ihn schon, meinen Liebling: „Meine Heimat", Heidelieder von Uwe Karsten. An meinem Konfirmationstag hatte mein Vater mir das Buch geschenkt, und zehn Jahre lang war es mein Wandergesell, mein Kamerad, mein Freund und Bruder gewesen:

> „Du meine rote Heide — — —!
> Grenzenlos
> Ist deine Schönheit,
> Die leuchtende,
> Grenzenlos deine Stille,
> Die träumende,
> Grenzenlos deine Macht,
> Die siegende,
> Grenzenlos, wie meine Liebe,
> Die sehnende,
> Zu dir, du meine rote Heide!"

Ich sang die Worte laut als Sonntagsmorgenchoral auf meiner großen, hallenden Diele und schrak zusammen, als ein großes Torfstück zu Boden polterte mitten in meine eigene urwüchsige Vertonung der Liedes hinein.

Mutter Alslev kniete vor dem großen Kachelofen und polsterte ihn inwendig sorgsam mit den braunen Kissen, die dann ein so warmes, heimliches, trautes Glühen ausströmten. Sie nahm jetzt verlegen das gefallene Torfstück und legte es zu den andern.

„Mutter Alslev, warum weinen Sie?"

„Mien Jung sin Book, — mien Jung sin Leed" — Und sie weinte bitterlich.

An diesem Sonntagvormittag erfuhr ich, daß mein Kamerad, mein Wandergesell, mein Freund und Bruder seit zehn Jahren Uwe Karsten Alslev war

F. Rose

Und nun das alles im klaren, milden Herbstabendlicht — in den Fenstern des Gehöftes brannte still und goldig das Sonnenfeuer, das Flüßchen im Wiesengrunde blinkte wie Silber, über der Heide lag das sommermüde letzte Rosaglühen ihres Blütengewandes, die weiß leuchtenden Birken still-froh und die dunklen Wacholder ernst-beschaulich standen wie im Traum, und alle Dinge mit ihren Linien und Formen waren so zum Greifen nahe, und doch wieder von so stiller, feierlicher Größe. — Meine Heimatheide, du schlichtes, braunes Land, in solchen Stunden liegt auch auf dir das, was einer, der ein viel stolzeres, schöneres Land zur Heimat hatte, „das große, stille Leuchten" genannt hat. Und in solchen Stunden ist der Bund geschlossen zwischen dir und deinem Sohne. Daß du ihn nimmer loslässest, sondern ihn festhältst, auch in der Ferne, mit den starken Banden der Kinderheimat. Und daß er immer gern wieder im Geist die alten, lieben Jugendpfade wandelt und Einkehr hält in deinen altvertrauten Dörfern und Gehöften und deinen Kindern auf die Hände sieht, und in die Augen, und wenn's glücken will, wohl auch in die Seele ... und daß er da mit Vorliebe nicht nach dem Dumpfen, Schwülen, Stürmischen sucht, sondern am liebsten nach dem Leuchten, dem stillen Leuchten, sei's nun groß oder klein ... Und daß er dann deinen Freunden davon erzählt.

Nicht so, daß er dir, du schlichte braune Heide, eine Romantik oder Größe oder sonst etwas dir Fremdes andichtet. Nicht so, daß er deinen schlichten Kindern allerhand Gedanken in das Gehirn schmuggelt, die sie nicht denken, Gefühle in das Herz lügt, die sie nicht fühlen. Nein, das kann er nicht; dafür hat er dich und deine Kinder einfach zu lieb. Er kann und will nichts anderes, als schlicht und treu von dir erzählen, von dir und deinen Kindern, seinen Brüdern und Schwestern, wie sie arbeiten und feiern, lachen und weinen, irren und zurechtkommen, lieben und leiden, glauben und hoffen und sterben, kurz, von einem Leben, das seinen Sonnenbrand hat und sein Nebelgrau und sein Nachtdunkel, aber doch auch sein stilles Leuchten.

Dieses stille Leuchten lag an jenem Herbstabend so groß und warm auf der Loher Heide, und es leuchtete in die Augen des heimkehrenden jungen Bauernsohnes. Kein Wunder, daß sie sich so weit auftaten, um all den warmen Glanz der Heimat in sich aufzunehmen, daß alle Rittergüter der Welt mit Weizenbreiten und Zuckerrübenfeldern hinter ihm im Nebel versanken, als er ausrief: „Vader, up de ganze wiede Welt giwt't man enen Lohhoff." Kein Wunder, daß des Alten Brust sich dehnte, von einem Gefühl freudigen Stolzes geschwellt, da er nun den starken Sohn und Erben auf den Hof der Väter heimführte. Dort unten, wo das Abendgold in den Fenstern glänzte, hatten sie gesessen in den Tagen Luthers — das vergilbteste Buch im Pfarrarchiv von Wiechel meldete davon —, wer will aber sagen, ob nicht auch schon in den Tagen Wittekinds und Karls! Und auf diesem uralten Erbe sollten seine Kinder sitzen — das hoffte Vater Lohmann —, solange die goldene Sonne über der weiten Heide auf und unter geht, solange der Herrgott das bunte Treiben seiner Menschenkinder auf Erden überhaupt noch mit ansehen will.

D. Speckmann

Zum Abschiednehmen just das rechte Wetter."

Mir soll's recht sein, — ich gehe nicht aus. Ich habe mich eingesponnen in mein Heidehaus, in tiefe, stille Einsamkeit und — in weiche, weiße Leinwand.

Die bauscht sich um mich, und auf meinen Tisch, und auf dem Sofa, und allen Stühlen. Mutter Alslev schneidet zu und heftet zusammen, und Ursula Diewen näht, — für die Armen des Dorfes.

Eine ungewohnte Arbeit für meine verwöhnten Hände.

Aber Mutter Alslev erzählte Geschichten dabei, — wunderbare uralte Heidegeschichten, und ich nähe sie mit in das Gewebe. Armes Immenhofer Weiblein, um dessen Körper sich einst dies Hemd schmiegen wird, du wirst schreckhaft träumen von Heidehexen und geheimnisvollen Hünengräbern und wirst erschauernd die „rote, verzauberte Heiderose" sehen.

Mutter Alslev schloß ihre Geschichte:

„Und weil die schöne Tochter des Heidekönigs ihren ersten Buhlen, den ihr der Vater bestimmt, durch den Tod verlor, und weil sie ihren zweiten Liebsten nicht minnen konnte, weil er zu gering war, so gedachte sie einsam zu leben und zu sterben. Viel Gutes tat sie an Mensch und Tier, die weite Heide war ihr Revier; sie dachte nicht an eignen Sinn, sie gab sich allen Wesen hin. Und als sie tot lag im Heidekraut, da läuteten alle Glocken laut, — die roten Heideblumenglocken. Und durch die Luft zog's wie Frohlocken, als käm' eine Engelschar im Lauf und holte die fromme Seele herauf: den Leib legt man ins Hünengrab, schwer senkt sich ein Riesenstein herab, und zur Stunde blüht aus seinem Knauf eine rote, seltsame Rose auf. Sie blühet und duftet und welket nie, und in Vollmondnächten da wandelt sie, wandelt leuchtend durch weite Heide, Tautropfen schmücken sie als Geschmeide. Und leise singt die rote Rose von Erdenleid und Erdenlose, unsichtbar allen, die im Glück, doch herrlich leuchtend jedem Paar, des Los so trüb wie ihres war. Ganz *rein* muß dessen Liebe sein, und selbstlos, Mutterliebe gleich, — gibt's solch ein Paar, so geht es reich und glücklich vereint zur Zukunft ein. — So tönt die alte Wundermär geheimnisvoll über die Heide her — —"

„Das ist eine tiefe, schöne Geschichte, Mutter Alslev."

„Und sie ist *wahr*", nickte die alte Frau ernsthaft.

Ich lächelte, — wie so ein modernes Mädchen lächelt, das wohl die Märchen als Märchen liebt, aber an alles „Wahre" mit scharfer Sonde herangeht, ob es auch durch und durch „wirklich" ist.

„Nicht lächeln, Frölen Ursula!"

Beinahe ängstlich klang es.

„Ich hab' sie selbst gesehen, die rote, leuchtende Heiderose, und mein seliger Mann auch. Das war an unserm Hochzeitstage, als wir von den lärmenden Gästen heimgingen, in unser stilles Schulhaus. Mein Kränzlein war frisch und grün, das war mein hoher Stolz, und auch mein Schatz war ein Junggesell nach Gottes Herzen. Singen hörten wir die Rose ganz leise, und es war, als ob der Heidewind dazu harfte. Aber als wir näher kamen, zerrann das Gebilde. Niemand darf und kann sie pflücken, das wäre schreckhafte Sünde, und davor bewahren uns die Heidegeister."

Rührend ernsthaft sah Mutter Alslev aus.

Ich lächelte nicht mehr.

F. Rose

ie schön das war: dieses stille Rasten, fern von aller Unruh da draußen, nach langen Jahren wieder in der Heimat, an solchem Morgen, in der linden Maiensonne!

Ohne sich zu regen, die gebräunten Hände im Schoß, an die weißglänzende Mauer gelehnt, und wunschlos träumenden Glanz in den blauen Jünglingsaugen, saß er zwischen Tür und Fenster auf der Hausbank und trank mit tiefen, ruhigen Atemzügen alle Schönheit in sich, die der Mai seiner Heimat um ihn herschüttete.

Über dem vorspringenden Hausdach, dessen Ränder sich in der Sonne wie goldflimmernde Linien vom zartblauen Himmel abhoben, zwitscherte ein Schwalbenpärchen, das vom Nestbau ein wenig ruhte. Lockende Finkenrufe klangen im Garten von den Ulmen her, deren weitgespannte Zweige schimmerig übersät waren mit den jungen Blättchen, mit tausend kleinen, blaßgrünen Herzen, die sich zitternd sehnten, in die große Sommerfreude ihres kurzen Lebens hineinzuwachsen. Und manchmal hörte man einen süßen Amselschlag in der schwarzgrünen, von zahllosen jungen Trieben licht übersprenkelten Fichtenhecke, die wie eine hohe lebende Mauer den Hof und Garten des Forsthauses umzog, als wär' das eine abgeschlossene Welt für sich. Alles, was über der Hecke draußen war, schien ferner zu sein, weil es halb versunken lag: das ganze Dorf umher, die Nachbarhäuser, von denen man nur die rotbraunen Dächer mit den rauchenden Schornsteinen sah, die Kronen der blühenden Apfelbäume, die wie weiße Schneehügel über die Hecke hereinlugten, und die breite, zierlich ausgezahnte Wipfelreihe des Waldes, der zwischen Dorf und Bergen das Tal erfüllte. Nur der Kirchturm streckte lang seinen roten Hals und guckte von oben herab über die Hecke her, wie ein Neugieriger, der alles sehen will. Und in weitem Kreis der ergrünenden Berge, über deren höchsten Wäldern und Felsen der Schnee noch lag, übergossen vom Duft des Morgens, eine blau erstarrte Riesenwoge neben der anderen — und je weiter sich die Höhen hinausschwangen in die Ferne, um so blauer wurden sie, bis sie ganz mit dem Himmel verschwammen, als wäre das letzte Felsgewänd in durchsichtige Luft verwandelt.

Rufende Stimmen klangen aus dem Dorf, Gebell der Hunde, Wagengerassel und der rastlose Hammerklang einer Schmiede, doch all diese Laute nur halb verständlich bei dem sanften Rauschen des jungen Laubes und bei dem spielenden Geplätscher, mit dem der glitzernde See seine kleinen, vom Morgenwind geschürten Wellen dicht vor der Hecke des Forsthauses an das kiesige Ufer spülte. Dieses gaukelnde Klingen der Wellen war wie die Trällerstimme eines Sängers, der sich bei schönem Wandern eines heiteren Liedes halb erinnert, immer wieder von vorne beginnt und das Ende nicht finden kann.

Und der ganze, weite See schien trunken von Sonne. Das Spiel seiner Wellen war wie ein Zaubertanz von Millionen weißer Flämmchen. Jeden anderen hätte dieses Glitzern und Gleißen geblendet. Doch der lächelnde Träumer dort an der leuchtenden Mauer sah mit ruhigem Blick über all das strahlende Geflimmer hinaus, denn seine Augen waren gewöhnt an den brennenden Glanz des Wassers. Und da lachte er plötzlich auf, als hätte ihn irgend etwas belustigt — irgend etwas an diesem lieblichen Gezitter und Geglitzer, mit dem sich der See in die blaue Ferne dehnte.

Die Handvoll Wasser da — und das Meer!

Wieder lachte er.

Dieses kindliche Getändel der kleinen Wellen — und der Taifun bei Madagaskar, gegen den sein Schiff drei Tage hatte ringen müssen, bis er mit rasierten Masten unter dem Notsteuer den Hafen gewann! Und sieben Mann waren über Bord gegangen — mit ihnen sein bester Kamerad, Fritze Radspeeler, der Sohn eines Rostocker Reeders.

„Min leiwer Jung!"

Dem lachenden Träumer grub sich eine ernste Furche in die braune Stirn. Und während er hinausblickte über das sonnige Spiel der Wellen, stiegen die Bilder aller Gefahr vor ihm auf, die er überstanden hatte, da draußen in fernen Welten. Der Schiffbruch an der kalifornischen Küste — auf seiner ersten Fahrt als Leichtmatros. Sieben Tage im Boot! Und nach der Rettung das gelbe Fieber. Und das Jahr darauf, als er schon die volle Heuer hatte, die Revolte im chinesischen Theater zu Hongkong — die tausend bezopften Zuschauer in schreiender

Wut gegen die vier deutschen Jungen, die beim Anblick dieser
absonderlichen Kunst ein bißchen lustig und übermütig wurden.
Wollten sie nicht erschlagen werden, so mußten sie sich mit
dem blanken Messer einen Weg bahnen! Und die Tigerjagd in
Indien, auf die der Prinz den jungen Försterssohn als Büchsen-
spanner mitgenommen hatte! Als der angeschossene Tiger, ge-
reizt durch die Feuerbrände und den Paukenlärm der Treiber,
dem Elefanten, der den Prinzen trug, auf die Schulter sprang,
da hatte es gegolten, in allem Aufruhr einen sicher treffenden
Schuß zu tun! — Und im Garten der Navigationsschule jener
böse Sturz vom Top des Flaggenmastes! Und dieses traurige
halbe Jahr auf dem Krankenbett! Und die Freude der Genesung! Dazu noch der Stolz auf die goldene Borte, als ihn
Fritze Radspeelers Vater als dritten Offizier für die ‚Denderah‘
angemustert hatte! Und gleich auf der ersten Fahrt wieder die
furchtbarste aller Gefahren — jene grauenvolle Nacht im Kanal,
auf brennendem Schiff . . .
So stieg ein Bild um das andere vor ihm auf — doch alles mit
gemildertem Schatten, alles in die linde Sonne dieses Morgens
getaucht, der das vergangene Dunkel so schön und blau machte
wie die Berge da draußen.
In verklärendem Glanz und mit heiterem Geflimmer, wie die
spielenden Wellen im See, glitt alles an seinen Augen vorüber,
was er erlebt hatte in diesen sieben Jahren, seit ein unüber-
windlicher Widerwille gegen die Schulbank den Fünfzehnjäh-
rigen aus der Heimat fortgetrieben und dem Seemannsberufe
zugeführt hatte. Und jetzt die stolze Freude: so heimzukehren,
mit der Offiziersborte, als gemachter Mann, der einen schönen
Lebensweg vor sich hat — und eine Stellung, die was trägt!

L. Ganghofer

ächelnd sieht sie zum Vater hin. Er nickt. Da hebt sie
mit einem Ruck den körnerschweren strohgeflochtenen
Säkorb und legt sich den breiten glänzend-gescheuer-
ten Ledergurt über die magere linke Schulter.
Tief schneidet er ein. Die Last der Körner zieht sie herab. Sie
achtet nicht darauf. Ihre Augen glänzen — ihr Mund lächelt,

spielerisch nimmt sie eine Hand voll Körner und läßt sie sich durch die Finger rieseln. „Los!" Der Alte sagt's und es klingt wie ein Kommando. Sie atmet tief, ihr Körper strafft sich zu seiner ganzen Höhe, ihre Rechte holt weit aus, und in großem Schwung sprühen die Körner aus ihrer Hand.

Das sieht aus, als spritze Wasser aus einer Gießkanne, so hell leuchten sie in der Sonne. Der Alte steht dicht neben ihr. Er sagt kein Wort. Wie sie nun anfängt weiterzugehen, hält er mit ihr Schritt.

Und was auch soll er sagen? Was reden? *Er* weiß es, das Zeigen allein, das Sagen, ja, das Lernen macht den Menschen nicht.

Das *Sehen* macht ihn! *Was* er sieht, *wie* er's sieht, und *was* er sich davon zu eigen macht. — Das ist das Entscheidende. Er lächelt beglückt. Da geht sein Mädchen dicht neben ihm, durch das unterm warmen Strahl der Sonne dampfende Feld.

Hoch und stolz trägt sie den Kopf. Ihre Augen blitzen, ihr lächelnder Mund ist leicht geöffnet. Weit und zügig ist ihr Gang und gleichmäßig, wie sie es oft und oft von ihm gesehen, ist der Schwung ihrer weit ausholenden Rechten. Immer weiter schreiten sie hinein in die braune Breite des Ackers, von dessen Tiefe es wie Rausch aufsteigt in ihre Herzen.

Auch Barb ist still geworden — das Erleben ist stärker, als Worte es zu sagen vermögen.

Um so lärmender werfen sich die aufgescheuchten Sperlinge und Ammern hinter ihnen wieder ins frisch-gebrochene Feld, Festmahl zu halten am reichgedeckten Tisch.

Barb aber schreitet immer weiter und weiter. Sie scheint zu wachsen mit jedem Schritt. Hoch über ihr steilt jubelnd eine Lerche ins Blau, und in ihr selbst singt und klingt es wie bei einem erstmaligen hohen, hohen Fest.

Sie lächelt glücklich! Und es denkt in ihr: „Wie schön ist das!" Sie fühlt es plötzlich — sie geht nicht allein und nicht nur mit ihrem Vater durchs Feld. Viele sind mit ihr, neben ihr, die in Jahrhunderten hier gingen hinterm Pflug, dem heiligen Acker dienend. Sie begleiteten sie — sie lenken ihren Fuß, sie führen ihre Hand. Sie schreiten durch sie hindurch und heben ihr Herz in Sonnennähe.

Es ist ein Fest des Blutes, ein Fest innigster Verbundenheit mit der braunen Erde, in der ihr Fuß versinkt. Anstrengung und Freude helfen zusammen und treiben ihr Blut in schnellem Gang durch ihren jungen Körper, durchströmen ihn mit ungeahnter Kraft, die herauswächst aus der Tiefe des Ackers — durch sie hindurch, so daß sie jäh einhalten muß vor der wundersamen, sie tief erregenden Süße, die ihren ganzen Körper durchflutet.

Hätte sie sich in dieser Minute in einen Baum verwandelt, wären ihre Füße hinuntergewachsen, ihre Wurzeln zu werden, hätten sich ihre Arme, ihre Hände gebreitet zu tragenden Ästen, sie hätte sich kein bißchen gewundert. Tief und demütig neigt sie den Kopf und steht still, wartend —. Eine ganze Weile steht sie unbeweglich mit weit gestrecktem Arm und lächelt verloren — dann erst wieder heben sich ihre Füße — langsam zögernd geht sie weiter.

K. Tremel-Eggert

ine Weile später trat der Fürst aus der Tür des Jagdhauses. Er hatte sich umgekleidet und trug einen grünen Hausanzug mit verschnürtem Sakko und eine kleine Mütze aus braunem Hirschleder. Langsam schritt er den Fahrweg hinunter und durch den schmalen Waldstreif, der das Almfeld umschloß. Er kam zu einer weiten Blöße, die schon im Schatten lag; doch durch die Lücken, die sich zwischen den Wipfeln in den Waldkamm senkten, warf die Sonne noch lange, schimmernde Goldbänder über das Weideland und die jungen Fichten hin. Weiße Kühe mit leise bimmelnden Glocken zogen weidend durch das niedere Gesträuch, andere lagen zerstreut im Gras und wandten nur träg die Köpfe, wenn der einsame Spaziergänger an ihnen vorüberschritt.

Ettingen wanderte über die Lichtung, bald mit stillen Augen die klare Schönheit des Abends und der leuchtenden Lüfte trinkend, bald wieder versunken in Gedanken, die ihn der Umgebung und des Weges nicht achten ließen. Auf lindem Rasen

schreitend, merkte er nicht, daß er den schmalen, nur wenig
ausgetretenen Pfad verlor und aus farbiger Dämmerhelle in
tieferen Schatten trat. Als er, seufzend aus seinem Brüten er-
wachend, einmal aufblickte, sah er, daß er mitten im Hochwald
stand, der eine Strecke sich eben hinzog und dann sacht zu steigen begann.

„Wie still dieser Wald! Wie schön in seinem Schweigen!"
Zwischen den Wurzeln einer mächtigen Fichte ließ sich der Einsame zur Ruhe nieder. So saß er still, den Kopf an den Stamm
gelehnt, die Hände um das Knie geschlungen. Lächelnd, als
wäre jählings die Ruhe und das Nimmerdenken über ihn gekommen, staunte er mit träumenden Augen hinein in diese
wundersame Stille. Kein Halm zu seinen Füßen, kein Zweig zu
seinen Häupten bewegte sich, auch nicht der leiseste Lufthauch
atmete durch den Wald. Stark und ruhig stiegen die hundert-
jährigen Bäume zum Himmel auf, jeder ein König in seiner
sturmerprobten Kraft. Alle kleinen, niederen Gewächse
waren verkümmert und gestorben im Schatten dieser Großen;
sie allein bestanden, und bescheidenes Moos nur webte zwischen ihren weitgespannten Wurzeln seinen grünen Sammet
über Grund und Steine. Sogar vom eigenen Leibe hatten die
Riesen alle niedrigstehenden Äste abgestoßen und gesundes,
saftiges Leben nur den strebenden Zweigen bewahrt, die sich
aufwärts streckten bis zur Höhe des Lichtes. Das flutete gold-
leuchtend um die Wipfel her, ließ selten einen verlorenen
Schimmer niedergleiten in den Schatten, der zwischen den braunen Stämmen lag, und dort nur, wo der Grund zu steigen an-
fing, brach es, einer Lichtung folgend, mit breiter, brennender
Welle quer durch den Wald.

„Wer das so könnte wie der Wald: alles Schwächliche und Niedrige von sich abstoßen, nur bestehen lassen, was stark ist und
gesund . . . so stolz und aufrecht hinaussteigen über den Schatten der Tiefe und die Helle suchen, die hohen reinen Lüfte!
Wer das so könnte!"
Langsam glitt der Blick des einsamen Träumers über einen
der Stämme empor zum grünen Wipfel, der sich in der
Sonne badete. Da huschte pfeilschnell ein kleiner Schatten
durch den Sonnenglanz, in der Höhe schwankte ein Zweig,

wiegte sich eine Weile sacht und kam wieder in Ruhe. Ein paarmal ließ sich ein leises Schnalzen vernehmen, und dann schallte ein süßer Vogelruf durch das Schweigen des Waldes. Nach kurzer Stille wiederholte sich der Ruf, und spielend kam der Vogel über die Zweige niedergeflattert, immer tiefer, bis zu den dürren Stümpfen der abgestorbenen Äste — ein grauer Vogel, mit weißem Streif um die Kehle. Es war eine Ringdrossel, diese lieblichste Sängerin des Bergwaldes. Hurtig drehte sie das schlanke Körperchen, guckte mit den kleinen Äuglein emsig nach allen Seiten und flötete immer wieder ihr schmachtendes Liedchen. Plötzlich hob sie aufmerksam das Köpfchen und streckte sich — fast im gleichen Augenblick huschte sie auch davon und schwang sich schräg hinauf in die sonnigen Wipfel.

Dort, wo der rote Schein den Schatten des Waldes durchbrach, dort oben hatte sich Geröll bewegt, wie unter dem Tritt eines Tieres.

Was kam da? Hochwild, das bei sinkendem Abend auf Äsung zog?

Spähend neigte der Fürst das Gesicht, um zwischen den Stämmen einen Ausblick zu finden. Und da sah er kommen, was er in dieser verlorenen Waldeinsamkeit am wenigsten erwartet hätte — eine Reiterin!

Er lächelte. „Ach, sieh doch! Mein stiller Wald hat auch sein Märchen!"

Eine Reiterin! Und welch eine seltsame! Ein junges Mädchen, nach ländlicher Art gekleidet, saß auf einem Esel, der mit roter Decke gesattelt war. Wohl führte die Reiterin einen Zügel in den Händen, doch sie hielt ihn lässig, versunken in die Betrachtung des Waldes, und das Grautier ging, wie es wollte, hier ein paar Halme von der Erde zupfend, dort wieder von den Zweigspitzen der Stauden naschend, die mit wirrem Astwerk den Saum der Lichtung verschleierten. Nun trat das Tier unter den letzten Bäumen hervor in die volle Sonne, und durch eine Gasse zwischen den Stämmen konnte der Fürst die ganze Gestalt der jungen Reiterin gewahren, deren Haupt und Schultern er umschimmert sah vom Feuer des Abendlichtes. Er lächelte.
„So könnte ein Märchendichter die Bergfee schildern, wie sie

aus den Felsen tritt, umstrahlt von dem Goldglanz der geheimnisvoll aus den Tiefen des geöffneten Berges hervorglüht.“

L. Ganghofer

Himmelsbalsam

Und weil Doktor Brattmöller eine halbe Stunde vorher ihr mit eigentümlicher Betonung befohlen hatte, sie möchte dem Kranken von jetzt an nur jeden Wunsch erfüllen, so hatte sie mit Dörte zusammen den Baum aufgeputzt und angezündet. Da leuchteten seine Augen hell und glücklich, bis er ganz plötzlich den Kopf in die Kissen preßte und heiß aufschluchzte. Jetzt trat Dörte ans Bett, bückte sich zu ihm nieder und bat: „Ween nich, Vadder, ween nich; wie kön't jo nich mit ansehn; süh, du schallst di doch freuen öwer den Bom und schallst geruhig wesen, dat du bold wedder to Kräften kümmst! Süh, ik heww noch 'ne Öberraschung för di; hör mol to!" Dann versammelte sie die Geschwister um das Bett und begann, was Pastor Lorentz in seiner Kinderlehre sie gelehrt und sie heimlich den Kleinen beigebracht hatte, mit ihnen zu singen:

Süßer die Glocken nie klingen,
Als in der Weihnachtszeit!
s' ist, als ob Engelein singen
Wieder von Frieden und Freud.

So war Heiligabend selbst gekommen. Über dem schlummernden, braunlockigen Kinde der Heide legen sich leise und lind die Schatten der stillen, geweihten Nacht. Der erste Schnee senkt sich herab, unauffällig, in gehaltener Feierlichkeit, aber unaufhörlich; von der Höhe funkeln die Heere der Sterne hernieder, klarer, glänzender denn je, als wollten auch sie mitpredigen in dieser Nachteinsamkeit.

Der heiligen Weihnacht geheimnisgesättigter Himmelszauber umwebt die in tiefem Frieden schlummernde winterliche Heide.

Von schneebedeckten Eichen lugt vorsichtig das klugäugige Kathekel (Eichhörnchen) in die sternenklare Nacht; hurtig klettert es in die Höhe, so weit es kommt, den Sternen zu, blickt himmelwärts und faltet die Hände und spricht und betet. Denn es ist die heilige Nacht heute, und draußen auf dem Felde bei den Hürden hat einst sich begeben, was heuer wieder auf heimlichen Sohlen durch die Lande schreitet.

154

Tiefer gehen die Schatten. Wie in einen Schleier gehüllt erscheint die Erde. Auch die blanken Wächter da oben scheinen ferner gerückt zu sein. Erwartungsvoll schauen sie mit keuschen Augen zur Erde nieder, die so hoch begnadigt gewesen ist, in ihrem Schoße das ewige Geheimnis zu bergen. Verhalten erscheint nunmehr ihr Glänzen. Sie sparen ihr hellstes Leuchten. Sie sparen ihre Kraft, bis die Stunde anhebt, da es wiederum den zu ehren gilt, der die Menschen die ewige Liebe hat sehen lassen und in ihrer kalten Welt das heilige Feuer der Barmherzigkeit entzündet hat. Noch stimmen die englischen Heerscharen nicht ihrer güldenen Harfen klängevolle Saiten. Noch hat sich das Tor den Himmlischen nicht geöffnet. Noch säumt die Herrlichkeit des Höchsten, die von rettendem Erbarmen Gesegneten wieder zu umleuchten.

Tiefer gehen die Schatten, tiefer; stumm sitzt das Kathekel auf seinem Thron. Jetzt blickt es niederwärts, unverwandt in eine Richtung, fest auf einen Punkt. Dort hinten, in jenem Winkel, hinter dem hochragenden Giebel der Ohlenroths vollendet sich in dieser Nacht ein Schicksal, ein herbes, hartes Schicksal. — —

N. Jünger

Wenn ich droben bin im himmlischen Garten, — der ist sehr groß, — so such ich mir am liebsten einen stillen Ort unter den Frühlingsbuchen... Ganz maiengrün sind sie, und es geht ein Weg hindurch, auf dem die Sommerfalter fliegen. Anemonen in Tausenden stehen da, und der Wind bringt zuweilen ein Klingen mit von den seligen Chören, sonst ists ganz still — und ein Bächlein mit schnellen silbernen Wellchen ist auch da, daß ich meine Füße hineinhängen kann... Da sitz ich dann und wind mir ein Anemonenkränzchen und denk: Vielleicht kommt heute der Herr Jesus vorbei. Dann leg ich ihm mein Kränzchen auf den Weg. Es ist so still, daß mir beinah die Augen zufallen, und ich denk noch so halb im Traum: die müssen heute ein großes Fest da drüben haben, ich hör ja schon die Morgensterne. Die haben nämlich die Orgelpfeifen, jeder einen Ton. Auf einmal flattert was herbei... es ist ein Himmelsbübchen, so zehn Jahr alt wars, wies

kam. Lang ists noch nicht da, drum ists auch noch recht wild.
Das sind mir immer die Liebsten, die erst gekommen sind.
Gisela, ruft das Bübchen — wo steckst du denn ... hörst du
denn nicht, daß sie drüben den großen Willkomm üben ... Und
die heiligen Jungfrauen gehen alle schon hinaus ... die Dorothea
fragt nach dir .. du sollst neben dem Herrn Jesus stehen. Nun
nehm ich aber mein Anemonenkränzchen und schnell hinunter
zur Pforte ... Die winken mir schon. Ich sage: Ja wer kommt
denn, Dorothea? Denn so festlich ist es nicht immer ... Es sind
richtig die Morgensterne da, für das große Gloria ... Die himmlischen Knaben — seit wir einen neuen Meister droben haben,
singen die immer das: Ehre sei Gott in der Höhe. Und da stehen
die Scharen von Stimmen, für den großen Willkomm. Und der
Herr Jesus sagt: Gisela, stell dich daher, es kommt die Frau
Trost. Und da kommt sie, die Frau Trost in ihrem grauwerke-
nen Kleid und dem frischen weißen Sonntagstüchlein —klein,
grau, gebückt ... Da fangen sie den großen Willkomm an:
Kommet her, ihr Gesegneten des Herrn, ererbet das Reich, das
euch bereitet ist von Anbeginn der Welt ... Dann kommt das
Gloria. Und ehe der ganze Chor mit den Harfinisten, den Vio-
linen, dem Diskant der heiligen Jungfrauen, — die Patriarchen
singen den Baß — anhebt ... muß ich die Frau Trost bei der
Hand nehmen, daß es ihr nicht zu viel wird. Das braust und
tönt, das jauchzt und jubiliert, daß ein Menschenherz vor Wonne
zerspränge. Es haltens auch nur die starken Seelen aus, besonders das Forte von den Morgensternen. Die kleinen, die engen
Seelen, die vergingen davor, die läßt man so still hinauswischen.

A. Günther

er Fremde:
Die Seligkeit ist eine wunderschöne Stadt,
Wo Friede und Freude kein Ende mehr hat.

Harfen, erst leise, zuletzt laut und voll.

Ihre Häuser sind Marmel, ihre Dächer sind Gold,
Roter Wein in den silbernen Brünnlein rollt,
Auf den weißen, weißen Straßen sind Blumen gestreut,
Von den Türmen klingt ewiges Hochzeitsgeläut.

Maigrün sind die Zinnen, vom Frühlicht beglänzt,
Von Faltern umtaumelt, mit Rosen bekränzt.
Zwölf milchweiße Schwäne umkreisen sie weit
Und bauschen ihr klingendes Federkleid;
Kühn fahren sie hoch durch die blühende Luft
Durch erzklangdurchzitterten Himmelsduft.
Sie kreisen in feierlich ewigem Zug,
Ihre Schwingen ertönen gleich Harfen im Flug,
Sie blicken auf Zion, auf Gärten und Meer,
Grüne Flöre ziehen sie hinter sich her.
Dort unten wandeln sie Hand in Hand:
Die festlichen Menschen durchs himmlische Land.
Das weite, weite Meer füllt rot roter Wein,
Sie tauchen mit strahlenden Leibern hinein.
Sie tauchen hinein in den Schaum und den Glanz,
Der klare Purpur verschüttet sie ganz,
Und steigen sie jauchzend hervor aus der Flut,
So sind sie gewaschen durch Jesu Blut.

Der Fremde wendet sich nun an die Engel, welche ihre Arbeit vollendet haben. Mit scheuer Freude und Glückseligkeit treten sie herzu und bilden um Hannele und den Fremden einen Halbkreis.

Mit feinen Linnen, kommt Ihr Himmelskinder!
Lieblinge, Turteltauben, kommt herzu,
Hüllt ein den schwachen, ausgezehrten Leib,
Den Frost geschüttelt, Fieberglut gedörrt,
Sanft, daß sein krankes Fleisch der Druck nicht schmerze;
Und weich hinschwebend, ohne Flügelschlag,
Tragt sie, der Wiesen saft'ge Halme streifend,
Durch linden Mondenschimmer liebreich hin ...
Durch Duft und Blumendampf des Paradieses,
Bis Tempelkühle wonnig sie umschließt. —

Kleine Pause.

Dort mischt, indes sie ruht auf seidnem Bette,
Im weißen Marmorbade Bergbachs Wasser
Und Purpurwein und Milch der Antilope,
In reiner Flut ihr Siechtum abzuspülen.

Brecht aus den Büschen volle Blütenzweige:
Jasmin und Flieder, schwer vom Tau der Nacht,
Und ihrer klaren Tropfen feuchte Bürde
Laßt frisch und duftig auf sie niederregnen.
Nehmt weiche Seide drauf, um Glied für Glied,
Wie Lilienblätter, schonend abzutrocknen.
Labt sie mit Wein, kredenzt in goldener Schale,
In den ihr reifer Früchte Fleisch gepreßt. —
Erdbeeren, die noch warm vom Sonnenfeuer,
Himbeeren, voll von süßem Blut gesogen,
Die samtne Pfirsich, goldene Ananas,
Orangen, gelb und blank, bringt ihr getragen
Auf weiten Schüsseln spiegelnden Metalls.
Ihr Gaumen schwelge und ihr Herz umfange
Des neuen Morgens Pracht und Überfülle.
Ihr Aug entzücke sich am Stolz der Hallen.
Laßt feuerfarbne Falter über ihr
Am malachitnen Grün des Estrichs schaukeln.
Auf ausgespanntem Atlas schreite sie
Durch Hyazinthen, Tulpen . . . ihr zur Seite
Laßt grüner Palmen breite Fächer zittern
Und alles spiegeln sich im Glanz der Wände.
Auf Felder roten Mohns führt ihren armen Blick,
Wo Himmelskinder goldne Bälle werfen
Im frühen Strahl des neugebornen Lichts,
Und liebliche Musik schlingt ihr ums Herz.

Die Engel *singen im Chor:*

Wir tragen dich hin, verschwiegen und weich,
Eia popeia ins himmlische Reich.
Eia popeia ins himmlische Reich.

Über dem Engelsgesang verdunkelt sich die Szene.

G. Hauptmann

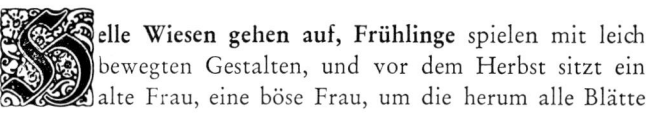elle Wiesen gehen auf, Frühlinge spielen mit leicht bewegten Gestalten, und vor dem Herbst sitzt eine alte Frau, eine böse Frau, um die herum alle Blätter fallen. Winter wird sein. Große glänzende Engel, die den Schnee nicht streifen, aber so hoch wie die Himmel sind, werden sich zu horchenden Hirten neigen und ihnen singen von dem Märchenkinde in Bethlehem. Viele Engel, Nachfolger jenes Einen, der mit seiner runden vollen Laute vor Maria stand, ihr die Botschaft singend und sie liebkosend mit seiner kommenden Stimme. Viele Engel, viele verkündende, werden in den Himmeln stehen und werden Klarheit und Glanz in diesen Himmeln. Und unten bei ihren Füßen werden Bäume und Menschen sein. Gebückte Menschen und massige dunkle Bäume. Und die Stimme der Engel wird nicht kommen zu den Ohren der Menschen, welche gebückt und in Bürden sind. Sie wird sie umgeben wie Wind und wird die Kleider aufreißen über ihrem Herzen. Und wird sie taumeln machen und niederwerfen und aufheben. Und wird sie bewegen, wie sie noch nie sich bewegt gefühlt haben, wird sie aufwühlen wie Meere und füllen wie Abgründe. Wird sie mitreißen und fortnehmen von Herden und Heimaten und wird sie lassen einsam auf Inseln stehen und blühen und Frucht tragen lassen auf entlegenen Inseln. Und wird sie bringen in große Sterbeängste auf schwankenden Schiffen und in Hütten, über denen Gewitter gehn. Und wird retten vom Rande der täglichen Tode und wird sie bewahren vor dem Untergang, damit Augen da wären, von denen angeschaut das goldene Mädchenkind sich entfalten könne. Und wird ihre Augen führen zum Anblick. Und ihr Angesicht vor ein Angesicht stellen. Und ihre Hände vor eine fürstliche Dürftigkeit führen und ihre Füße über weiches strahliges Stroh. Und wird empfangen nach aller Wanderschaft mit Balsam und Bergkristall. Und wird ihren Staub löschen, so daß ihre Kleider wieder klar werden. Und wird Verwirrung ordnen und sondern, und den Stab, warm aus ihren Händen, zu einem Fruchtbaum machen und zu einem Schattenbaum über der Wiege der Welt.

Einer neigte sich der Kronenblonden,
welcher ihre Sanftheit selig sprach, —

und, umrauscht von seidenen Rotonden,
gingen ihm die vielen Engel nach.
Kamen zu den Herden mit den Hirten,
und die Landschaft lag in Abendruh.
Helft uns weiter, weil wir uns verirrten!
sangen sie den fremden Männern zu.
Und die Hirten waren aufgestanden,
und die dunklen Herden schwankten schwer, —
und die Engel kamen hinterher
wachsend und in faltigen Gewanden. —

R. M. Rilke

ie Orgel erklang und „Amen" brauste es in vielstimmigem Chor durch das Gotteshaus. Dann sang man das Übergangslied zu den Schlußgebeten.

Indessen ging es auch durch die Versammlung wie ein leises Rauschen. Alles starrte zur Kanzel empor, auf der man noch immer den Sprecher sah, das Haupt geneigt und vom Glanzlicht der Sonne umflossen. Dann stieg er langsam hinab. Halb ohnmächtig lehnte Frau von Stieber ihren Kopf an die eckige Schulter des Gatten. Der Propst umschlang sie und hielt sie fest; aber er selbst blieb ruhig sitzen und fast bewegungslos; nur war sein Gesicht so weiß wie der Damast auf dem Altare.

Max sprach das Dankgebet. Ein Schlußgesang folgte; dann erklang Glockenläuten in eine kurz feierliche Stille hinein. Geräuschvoll erhob sich die Gemeinde und bildete im Mittelgang Spalier, um das Fürstenpaar und den Hof passieren zu lassen. In diesem Augenblick winkte der Propst seiner Gattin.

„Komm", sagte er kurz. Sie schwankte. Er mußte ihren Arm nehmen; fast zog er sie mit sich. Er umschritt den Altar und trat in die Sakristei, wo Max soeben den Küster verabschiedete. Der Propst trat dicht an seinen Sohn heran.

„Lege den Talar ab!" befahl er, „ich will nicht, daß du ihn schändest."

Max gehorchte, ohne ein Wort zu entgegnen.

„Nun höre mich an", fuhr der Dompropst fort. „Was aller Welt Geheimnis geblieben ist, du sollst es wissen. Als ich so jung war wie du, lernt ich ein Mädchen lieben: es war eine Pfarrerstochter. Da kam der Satan über mich, und ich verging mich an ihr. Ihren Vater, er war ein frommer Mann, warf seiner Tochter Schande auf das Totenbett. In seiner letzten Stunde aber war ich bei ihm, und da forderte er Sühnung von mir. Ich sollte ihm schwören, falls seine Tochter einem Knaben das Leben schenken würde, ihn dem geistlichen Stande zu weihen. Und ich schwur in die Hand des Sterbenden. Die Tochter ist deine Mutter, der Knabe bist du . . ."

Mit leisem Wehlaut brach Frau von Stieber zusammen. Max sprang hinzu, fing sie auf, und seine Küsse bedeckten ihr liebes, verblichenes Antlitz.

„Mutter", flüsterte er zärtlich, „glaubst du, ich könne dich minder lieben nach dieser Enthüllung? Bleibst du nicht meine Mutter —? O, halt' mich doch nicht für so klein, so klein . . . Mutter, ich frage dich — ja, nunmehr ich alles weiß, frage ich *dich*: willst du, daß ich Geistlicher werde —?"

Sie streckte gleichsam abwehrend ihre Hände aus.

„Nein", hauchte sie, „nein . . .!" Und plötzlich war es, als raffe sie alles zusammen, was an moralischer und physischer Kraft in ihrem gebrechlichen Körper steckte. Sie richtete sich straff auf und wiederholte mit fester Stimme: „Nein — ich will es *nicht!* Hättest du Neigung zu diesem Berufe gehabt — nicht nur Neigung, denn das hätte nicht genügt, sondern ein heißes, inneres Verlangen — ich hätte mich mit inniger Dankbarkeit gegen Gott darüber gefreut. Aber ich sah ja, wie du widerstrebtest — ach, es war kein Widerstreben mehr, es war schließlich eine sittliche Empörung gegen den geistigen Zwang, den man dir antun wollte — und da habe ich den Vater angefleht, dich nicht unglücklich zu machen. Ich habe es verantworten wollen mit meiner Seligkeit — *ich*, um deretwillen er den Schwur geleistet hat! Kann ein Schwur noch heilig sein, der meinem eignen Fleisch und Blut zum Fluche wird?! Aber der Vater blieb hart; er, der sonst so liberal ist in seinem Fühlen und Denken — den die Welt einen freigeistigen Theologen nennt, der wollte lieber seinen Sohn untergehen sehen, als diesen törichten Schwur brechen!"

„Was redest du, Frau!?" fiel der Dompropst finster ein. „Und was weißt *du,* wie schwer ich unter meinen Zweifeln gekämpft und gelitten habe! Hielt ich fest an dem Versprechen, das ich deinem sterbenden Vater gegeben, es tat's nicht allein die Heiligkeit des Worts in jener Sterbestunde. Ich sah, wie mein Junge verbummelte, und ich wollte, daß er Mann würde. Da habe ich auch in ihm die Kämpfe entfacht, die mich selber peinigten; da habe ich den Feuerbrand in seine Seele geschleudert, daß sie in diesem Feuer gehärtet werde und die Schlacken sondere. Und ich hab's erreicht! Schau deinen Sohn an, Frau, wie er ist, und denke zurück, wie er war. Schmäht mich, daß ich grausam gewesen! Auch zu mir hat Paulus gesprochen: Reize dein Kind nicht im Zorn. Aber, Max, der Zorn, den ich in dir entfachte, war ein guter, und für den Zwang, dem ich dich unterwarf, solltest du mir dankbar sein. Denn blickt heute ein männlicher Ernst aus deinen Augen und stehen Gedanken auf deiner Stirn und bist du ein andrer geworden als noch vor zwei Jahren — das hat der Zorn gemacht, der dich schüttelte — und hat deine ganze Lebensanschauung sich gewandelt, so war es die Bitterkeit deines Herzens, die dich zur Umkehr trieb . . . Du hast den Talar abgelegt, du wirst ihn nie wieder tragen. Ich gebe dich frei. Zum ersten Mal in meinem Leben breche ich ein gegebenes Wort. Und damit ist auch für mich die Stunde gekommen, meinem Berufe zu entsagen. Gib mir die Hand, Max! Du bist frei. Bist du zufrieden —?"

Der Vater war der einzige Mensch, vor dem Max sich beugte. Er tat es auch jetzt, in tiefer Erschütterung, mit mächtig durchwühltem Inneren; er neigte sich vor ihm, ergriff seine Hand und küßte sie. Viel zu sprechen vermochte er nicht.

„Ich danke dir", sagte er mit erstickender Stimme.

F. v. Zobeltitz

Und das Amen! ertönte, und die Orgel setzte wieder ein, und ein Lied hub an, es war das sonderbarste, wunderbarste Lied des Gesangbuches, jener sehnsüchtige, zehrende, geistige Brunftschrei des rheinischen Bandwebers: Ich bete an die Macht der Liebe! Ein Lied aus dem Zapfenstreich, ein Lied mit mehr Deutungen als mit Worten.

Es wurde stehend gesungen, und auch die Frauen dunkelten empor: da suchte Wiltfeber das Gesicht der Madlee.

Was denkt Madlee, was denkt jedes liebende Weib, wenn sie singt: Ich will, anstatt an mich zu denken, ins Meer der Liebe mich versenken! Betet sie in ihren heimlichsten Gedanken, unbewußt, unterbewußt, etwas anderes an als jene Weiber des Ostens, wenn sie die riesige geschliffene, rundkuppige Granitsäule umtanzten, niedersanken auf Rosen und ins Meer der Liebe sich versinken ließen? — Du Heiland meines tiefen Falles — In dir ist ewig Herz und alles! ... Madlee, Madlee, wenn du mitsinnst, nicht nur mitsingst, was empfindest du bei diesen zwei Verszeilen? Welches war dein tiefer Fall? Wer ist sein Heiland, sein Arzt? In wem ist ewig dein Herz? Und alles?? ... Ich geb mich hin dem heiligen Triebe, mit dem ich selbst geliebet ward! Ja, das tust du, Madlee, aber im Fleisch, und also bist du sündig, wie ich auch! Da hilft kein Neunerleikraut, Madlee! ...

Langsam klang die Orgel aus, und wie verströmt hing Menschenhauch in der Luft.

Und der Pfarrer stand auf der Kanzel, las den Text, bat um Gottes Segen und hub dann an:

Der Gott Abrahams, Isaaks und Jakobs ist unser Gott! Wenig fehlte, Wiltfeber wäre emporgesprungen und hätte gerufen: Nein, nein, nicht der meine und nicht der Gott Madlees ...

Und verzweifelnd sah sich der Blonde um im Kreise der Hörer: da saßen sie stumm und still, schwer und stumpf; ihre Gesichter zeigten keine Teilnahme und Bewegung, weder für noch gegen die verwegene Behauptung des Gottesdieners. Nicht Scham noch Stolz, weder Rührung noch Widerspruch meldeten sich; nicht einer empfand und fühlte, was dieser Satz alles besagen will: ein besoldeter Mann, ein beschworener Diener steht in der Kirche des gereinigten Glaubens der deutschen Leute, und ruft es hinaus als Triumph, als Jubelruf: Der Gott der jüdischen Erzväter ist der Gott der alemannischen Menschen im Neuen deutschen Reiche!

Aber in Wiltfeber stieg ein Erzwiderspruch empor, ein Nein aus dem rötesten Blut seines Herzens, ein Schrei der eingeborenen Seele, einer von den Lauten, für die es keine bewußten Gründe gibt: du lügst, Pfarrer, augenscheinlich, handgreiflich, körperfaßlich lügst du. Sieh doch auf deine Leute da in den Bänken, siehe sie an, ob sie dir zustimmen? Und ich, der Wiltfeber, der bewußte geistige Mensch aus dieser Heimat, ich sage dir: dein Gott ist nicht mein Gott! Überhaupt brauchen wir keinen Gott, denn wir haben den Krist, und der Reine Krist wird kommen!

Wir haben jenen Krist, jenen Galiläer jüdischen Glaubens, ach! jüdischen Glaubens wie diese ahnungslosen Menschen da vor dir! — *jenen Mann, welcher in sich das Judentum überwand und äußerlich den Juden unterlag; ja, der Widerjuden Größter ist der Krist,* jene hassen ihn nicht umsonst.

Und er kam den Deutschen geschwommen über das Meer, und ward ihnen geboren zu Weihnachten und erstand am Frühlingsfeste. Als ein König zog er ein in die Hirne der Deutschen! Sag, Pfarrer, lasest du nie das Lied vom Heliand, von dem Schönsten der Menschen, der Geborenen Stärkstem, dem milden Landeshirten?

Dieser Krist ist unser Gott, wir bedürfen nicht deines zornigen Schelters und eifersüchtigen Ichgottes, welcher sich rächt bis in das dritte und vierte Glied an den Geschöpfen seiner Hand! Wir schwiegen lange wie die gutmütigen Kinder; eingeschläfert, stumpfsinnig gemacht, entvolkt, entrasst, entklasst, entartet, vermengt, vermischt, verwirrt; nun ist es Zeit, die Lüge abzutun. Nicht einer sitzt hier in den Bänken der Kirche, welcher glaubt und *erlebt,* was du hinausschreist, Pfarrer! Und du glaubst es selber nicht, was soll das Judenzen?

Lies das Buch, welches anhebt: Im Anfang war das Wort! Lies es und lerne, wie der Krist stand zu den Juden.

Dieses deutsche Volk hat einen Gott: jenen stets geahnten, nie genannten, stets verehrten, nie gelehrten, stets und überall vorhandenen, nie und nirgends gestandenen Gott, welcher da ruht jenseits der Worte, im Schweigen.

Unsagbar, unnahbar ist dieser Gott: aber wer den Krist sieht, der siehet jenen. Und also ist der Krist wahrhaftiger Gott und wahrhaftiger Mensch. Der Krist, das ist der Gott der deutschen Leute!

Und soll nicht „Jesus Christus" heißen, sondern der Christ oder Krist, wie ihn nannte der elsässische Dichter, als er vor elfhundert Jahren in großartigem Altdeutsch das Leben des Heilandes schrieb. So soll er heißen!

H. Burte

Bibliographie

Die in Klammern stehenden Zahlen geben das erstmalige Erscheinen
der Werke an, sofern nach späteren Ausgaben zitiert wurde.

Binding, Rudolf G., *Als sie am Abend mit Gudula:* Unsterblichkeit
(1921), Potsdam 1941, S. 52—55

Binding, Rudolf G., *Er saß spät am Abend im Rahmen:* Der Opfer-
gang (1912), Eine Novelle, Erschienen im Insel-Verlag 1949,
S. 37—40

Burg, Paul, *Das silberne Petschaft leuchtete:* Alles um Liebe, Bd. 1,
Freudvoll und leidvoll, Leipzig 1923, S. 138—142

Burte, Hermann, *Auf der weißen Straße:* Wiltfeber (1912), Leipzig
1928, S. 86—88

Burte, Hermann, *Und das Amen! ertönte, und die Orgel:* ebenda
S. 128—130

Clauren, Heinrich, *Der Côte-Wein, den der Alte:* Mimili (1816),
Berlin o. J., S. 64—69

Clauren, Heinrich, *Vor wenigen Tagen erhielt ich:* ebenda S. 159—163

Clauren, Heinrich, *Adolphine streckte ihre zarten Glieder:* Schriften,
4. Bändchen, Stuttgart 1827, S. 37—40

Courths-Mahler, Hedwig, *Die Trauung:* Ich darf dich nicht lieben
(1921), Leipzig u. Bern o. J., S. 196—199

Courths-Mahler, Hedwig, *Lena Warnstetten stand bleich:* Lena Warnstetten (1916), Reutlingen o. J., S. 5—8

Courths-Mahler, Hedwig, *Lena war neben der toten Mutter:* ebenda
S. 124—126

Eschstruth, Nataly v., *Zur Dämmerstunde war's:* Am Ziel (vor 1901),
Leipzig o. J., S. 586—588

Eschstruth, Nataly v., *Vier feurige Rappen schäumten:* Polnisch Blut
(1887), Leipzig o. J., Bd. 1, S. 97—100

Eschstruth, Nataly v., *Süßer Syringenduft wehte:* ebenda S. 140—144

Ewers, Hans Heinz, *Früh, wenn die junge Sonne:* Alraune, München
1911, S. 413–416

Ewers, Hans Heinz, *Eine weite Wiese sah sie:* Horst Wessel, Stuttgart
u. Berlin 1933, S. 285—287

Ganghofer, Ludwig, *Gastliche Nachmittagsstunden:* Der russische Nie-
derbruch, Berlin-Wien 1915, S. 174—176

Ganghofer, Ludwig, *Eine Weile später trat der Fürst:* Das Schweigen
im Walde (1899), Gesammelte Schriften, Zweite Serie, Bd. 3, Leipzig o. J., S. 18—20

Ganghofer, Ludwig, *Wie schön das war: dieses stille:* Gewitter im Mai
(1904), Gesammelte Schriften, Zweite Serie, Bd. 4, Leipzig o. J.,
S. 7—9

Günther, Agnes, *Warum bin ich nicht deine Frau:* Die Heilige und ihr
Narr (1913), Stuttgart 1955, 133. Aufl., S. 387—388

Günther, Agnes, *Und er zog einen langen, schmalen Kelim:* ebenda
S. 412—413

Günther, Agnes, *Wenn ich droben bin:* Von der Hexe, die eine Heilige war, Marburg 1913, S. 12–14

Gutzkow, Karl, *Sie hielten ihre Hände ineinander:* Wally, die Zweiflerin, Mannheim 1835, S. 117–121

Halbe, Max, *Sie nahm ihren Hut:* Die Tat des Dietrich Stobäus (1911), Sämtliche Werke, Salzburg 1945, Bd. 10, S. 355—357

Hauptmann, Gerhart, *Der Fremde:* Hanneles Himmelfahrt (1893), Gesammelte Werke, Berlin 1906, Bd. 4, S. 56—58

Heimburg, Wilhelmine, *Am ersten Weihnachtstage:* Kloster Wendhusen (1880), Leipzig o. J., Bd. 3, S. 335—337

Heimburg, Wilhelmine, *Lore stand in dem kleinen überheizten Salon:* Lore von Tollen (1888), Romane und Novellen, Leipzig o. J., Bd. 8, S. 136–139

Herzog, Rudolf, *Er erhob sich und lehnte die Stirn:* Lebenslied (1904), Gesammelte Werke, Stuttgart u. Berlin 1920, Bd. 3, S. 135—136

Herzog, Rudolf, *Das Sprechen wird mir:* ebenda S. 174—176

Herzog, Rudolf, *Marga Vanheil suchte Frau Ingeborgs Hand:* Hanseaten (1910), Berlin 1909, S. 319

Herzog, Rudolf, *Er legte den Arm um sie:* ebenda S. 326—330

Jansen, Werner, *Er findet sie auf einer Steinbank:* Das Buch Leidenschaft (1923), Braunschweig u. Hamburg 1925, S. 190—192

Jünger, Nathanael, *Und weil Doktor Brattmöller:* Heidekinds Erdenweg (1908), Wismar 1919, S. 28—30

Kempner, Friederike, Gedichte, Berlin 1891, S. 92 (Motto)

Marlitt, Eugenie, *Draußen über die Felder her:* Die Frau mit den Karfunkelsteinen (vor 1886), Leipzig o. J., S. 316—320

Marlitt, Eugenie, *Potztausend, was steht denn da:* Goldelse (1867), Leipzig o. J., S. 246—249

May, Karl, *Ich wandte mich Winnetou zu:* Winnetou (vor 1893), Bamberg 1961, Bd. 3, S. 433—436

Muschler, Reinhold Conrad, *Wenn das Schlummernde seiner Seele:* Bianca Maria (1924), Leipzig 1925, S. 150—152

Perfall, Anton v., *Die Gräfin zog sich im Gespräch:* Todtenröschen. Licht. Jena 1892, S. 81—85.

Polko, Elise, *Am ersten Ostertage sollte Fritz:* Aquarellskizzen, Bremen 1874, S. 227–231

Rilke, Rainer Maria, *Helle Wiesen gehen auf, Frühlinge:* Briefe und Tagebücher aus der Frühzeit, 1899 bis 1902, Leipzig 1933, S. 352 bis 354

Rose, Felicitas, *Wie man mich quält:* Das Haus mit den grünen Fensterläden, Berlin u. Leipzig 1930, S. 298–300

Rose, Felicitas, *Meine Hand griff in die Bände:* Heideschulmeister Uwe Karsten (1909), Berlin u. Leipzig 1920, S. 22—23

Rose, Felicitas, *Zum Abschiednehmen:* ebenda S. 102—104

Salburg, Edith Gräfin, *Sie zerrten Eva mit sich:* Vater und Vaterland, Leipzig 1915, S. 203–206

Schäfer, Wilhelm, *Hold wie sein Name war Hölderlin:* Die dreizehn Bücher der deutschen Seele, München 1922, S. 252–253

Skowronnek, Fritz, *Wie ihr Herz vor Freude hüpfte:* Die süße Not (1918), Leipzig 1928, S. 31—32

Speckmann, Diedrich, *Und nun das alles:* Heidehof Lohe (1906), Berlin 1919, S. 12—14

Speckmann, Diedrich, *Als die enge Kammer:* ebenda S. 205—206

Sudermann, Hermann, *Oh Boleslav, schluchzte sie:* Der Katzensteg (1889), Romane und Novellen, Gesamtausgabe, Bd. 2, Stuttgart u. Berlin 1920, S. 254—256

Supper, Auguste, *Liesel, weißt du noch:* Die Mühle im kalten Grund (1912), Heilbronn o. J., S. 310—313

Tremel-Eggert, Kuni, *Lächelnd sieht sie zum Vater:* Barb, der Roman einer deutschen Frau, München 1934, S. 25—27.

Tremel-Eggert, Kuni, *Ich liebe dich:* ebenda S. 207—208

Voß, Richard, *Auf den Beeten blühten:* Ein Königsdrama (1903), Berlin o. J., S. 232—233

Voß, Richard, *Im langen, leichten Hemdlein:* ebenda S. 369—371

Watzlick, Hans, *Neben der aufgetanen Gruft:* Das Jahrbuch der deutschen Dichtung, München u. Leipzig 1934, S. 206--210

Weinheber, Josef, *Im unendlichen Meer:* Gold außer Kurs (entstd. 1932/33), Sämtliche Werke, Salzburg 1953, Bd. 3, S. 902—904

Wiechert, Ernst, *Percy, sagte sie leise:* Geschichte eines Knaben, Tübingen 1929, S. 87—93

Wildenbruch, Ernst v., *Er hatte es durchgesetzt:* Vice-Mama (1901), Gesammelte Werke, Berlin 1913, Bd. 6, S. 240—242

Zobeltitz, Fedor v., *Die Orgel erklang und Amen:* Höhenluft, Leipzig 1913, Bd. 2, S. 314—317

Literatur für viele 1

Studien zur Trivialliteratur und Massenkommunikation im 19. und 20. Jahrhundert. Mit Beiträgen von Joachim Bark, Joachim Campe, Horst Albert Glaser, Götz Großklaus, Gerhard Haefner, Christoph Hering, Peter Uwe Hohendahl, Maria Lypp, Maximilian Nutz, Gert Raeithel, Walter Schiffels. Herausgegeben von **Anton Kaes** und **Bernhard Zimmermann**. 1975. 204 Seiten, kart. (Beiheft 1 zur Zeitschrift für Literaturwissenschaft und Linguistik / LiLi)

Literatur für viele 2

Studien zur Trivialliteratur und Massenkommunikation im 19. und 20. Jahrhundert. Mit Beiträgen von Roland Barthes, Umberto Eco, Walter Hömberg, Raoul Hübner, Maria Kurzeja, Hans-Jörg Neuschäfer, Rudolf Schenda, Pit Schlechter, Jochen Schulte-Sasse, Reinhold Viehoff, Axel Vielau, Klaus Vondung. Herausgegeben von **Helmut Kreuzer**. 1976. 262 Seiten, kart. (Beiheft 2 zur Zeitschrift für Literaturwissenschaft und Linguistik / LiLi)

Literatur für Kinder

Studien über ihr Verhältnis zur Gesamtliteratur. Mit Beiträgen von Bernhard Engelen, Doris Funk, Dagmar Grenz, Geneviève Humbert, Albin Lenhard, Maria Lypp, Helmut Mörchen, Hildegard Pischke, Klaus R. Wagner. Herausgegeben von **Maria Lypp**. 1977. 240 Seiten, kart. (Beiheft 7 zur Zeitschrift für Literaturwissenschaft und Linguistik / LiLi)

Lerngegenstand: Literatur

Studien und Unterrichtsmodelle zu Max Frisch, Peter Weiss, Ingeborg Bachmann und Uwe Johnson. Mit Beiträgen von Rolf Geißler, Werner Klose, Peter Lorson, Walther Metz, Hans-Dieter Petto, Karl Richter, Wolfgang Salzmann, Eduard Schaefer, Gerhard Schmidt-Henkel. Herausgegeben von **Eduard Schaefer**. 1977. 165 Seiten. kart. (Beiheft 5 zur Zeitschrift für Literaturwissenschaft und Linguistik / LiLi)

Für Abonnenten von LiLi gilt jeweils ein Vorzugspreis.

Unterhaltungsliteratur

Zu ihrer Theorie und Verteidigung. Mit Beiträgen von Johannes Anderegg, Jörg Hienger, Kaspar H. Spinner. Herausgegeben von **Jörg Hienger**. 1976. 117 Seiten, kart. (Kleine Vandenhoeck-Reihe 1423)

Willy Sanders · Linguistische Stiltheorie

Probleme, Prinzipien und moderne Perspektiven des Sprachstils. 1973. 149 Seiten, kart. (Kleine Vandenhoeck-Reihe 1386)

VANDENHOECK & RUPRECHT IN GÖTTINGEN

Walther Killy · Wandlungen des lyrischen Bildes

6. Auflage 1971. 161 Seiten, engl. brosch. (Kleine Vandenhoeck-Reihe 22/23/23a).

Johann Wolfgang von Goethe / Friedrich Hölderlin / Clemens Brentano / Eduard Mörike / Heine und Geibel / Trakl und Benn / Der junge Brecht

„Killys Untersuchung ist im besten Sinne des Wortes Textauslegung, die aus dem Denk- und Werkkreis des betreffenden Dichters schöpft und ohne Bruch den Übertritt zur geistesgeschichtlichen Zusammenschau vollzieht, ohne gewaltsamen Vereinfachungen zu verfallen, noch auch der paraphrasierenden Sprachlust ... Killys zuchtvolle, zu Zeiten wohltuend nüchterne Sprache macht das Lesen zu einem gewinnreichen Vergnügen."

Mitteilungen des Deutschen Germanistenverbandes

Walther Killy · Über Georg Trakl

3., erweiterte Auflage 1967. 115 Seiten, engl. brosch. (Kleine Vandenhoeck-Reihe 88/89/89a).

„Die gefühlsmäßige und inhaltliche Einheit im Werke Trakls ist wohl mit wissenschaftlichen Mitteln noch nie so überzeugend dargestellt worden, wie in den tiefgründigen Studien von Walther Killy." *Neue Zürcher Zeitung*

„Killy geht dem proteusartigen Charakter dieser Lyrik nach, auch dem Werdegang einzelner Gedichte – kein leichter Gang, der aber eindringlich und vorsichtig zugleich, solcherart durchsichtig zu machen versteht, was hier vor sich geht, und der in das eigentümlich ‚Offene' Trakls führt." *Universitas*

Walther Killy · Romane des 19. Jahrhunderts
Wirklichkeit und Kunstcharakter

2. Auflage 1967. 236 Seiten, engl. brosch. (Kleine Vandenhoeck-Reihe 265 (S))

Inhalt: Goethe, Die Wahlverwandtschaften / Eichendorff, Ahnung und Gegenwart / Stendhal, Rot und Schwarz / Stifter, Der Nachsommer / Dickens, Große Erwartungen / Poe, Gordon Pym / Raabe, Das Odfeld / James, Porträt einer Dame / Fontane, Irrungen, Wirrungen

J. G. Robertson / Edna Purdie
Geschichte der deutschen Literatur

Aus dem Englischen von Gerhard Raabe. Mit einem Beitrag von Claude David: Die zeitgenössische Literatur 1890–1945 (aus dem Französischen von Hermann Stiehl). Vorwort von Walther Killy. 1968. 750 Seiten, Leinen

„Für uns ist es aufschlußreich, die eigene Literatur einmal von einem anderen Blickpunkt als dem gewohnten zu betrachten. Besonders Lernende werden es als angenehm empfinden, daß hier und da kleine Textproben in die Ausführungen eingeschaltet sind, bei althochdeutschen und mittelhochdeutschen Texten mit beigegebener Übertragung ins Neuhochdeutsche ... Eine umfangreiche Bibliographie kam hinzu. Damit erfuhr diese Literaturgeschichte die letzte Abrundung. Ihr Nutzen wird sich in ständigem Gebrauch erweisen."

Dr. Marietta Kleiss / Börsenblatt für den deutschen Buchhandel

VANDENHOECK & RUPRECHT IN GÖTTINGEN